ベーシック英語史

A Basic Guide to the History of the English Language

ベーシック
英語史

家入葉子 [著]

A Basic Guide
to the History
of the English
Language

ひつじ書房

まえがき

　英語史とは、文字通り英語の歴史を研究する学問分野である。本書は、過去に起こった、あるいは今起こりつつある、そしてこれから起こるであろう英語の変化を 15 の異なる側面からたどることで、英語の歴史的変容の姿を概観することを目的としている。15 章の構成は授業を意識したものであるが、執筆にあたっては詳細な記述よりも歴史的な流れに重点をおいたので、読み物として通読し、英語の発達のストーリーを楽しんでいただいてもよい。エクササイズについても、言葉の歴史を身近な問題として考えることを目指し、できるだけ一つの正解を想定した設問を避ける工夫をした。(ただし、本文中の情報量を抑えたために、事実上、その不足を補うために設けたエクササイズも、一部に含まれている。)授業などで使用する場合には、自由に議論を深めるために利用してほしい。一方、本書を読み物として使う場合には、エクササイズは割愛してもらってもよい。

　英語の歴史は、アングロ・サクソン人がブリテン島に渡ったとされる 5 世紀中葉に始まる。それから 1500 年以上にわたって、変容を繰り返しながら、今日の英語が形成されてきた。一般に言語は、人々の移動や他民族との接触が多いほど大きく変化するといわれている。そして、英語は大きな変貌

を遂げてきた言語の一つであるといえる。ブリテン島に渡ったあとの英語は北欧の言語やフランス語をはじめ、さまざまな言語との接触を繰り返しながら変化し、またアメリカをはじめ世界各地にその話者のネットワークを広げながら、今日に至っている。アングロ・サクソン人がブリテン島に渡ってから数百年間の古英語は、現代英語の母語話者にも、今では、まるで外国語のような響きである。それほど英語は、姿を変えてしまった。著者がスコットランドの大学で英語史を学んでいた頃、イギリス人が苦労しながら古英語を読んでいたのを思い出す。

このように大きな変容を遂げてきた英語の歴史を学ぶことは、「言語がどのような変化を実際に経験し得るか」を想像するためのヒントにもなるであろう。変化は、ことばの形態、意味、発音など、さまざまな側面に観察することができる。多様な変化の繰り返しが、古英語と現代英語の隔たりをここまで大きくしてしまったのである。人々のことばに対する思い入れは強く、しばしば人はことばを固定したものとして捉え、そこに美を追求しようとする。しかし、残念ながら、生きた母語話者をもつ言語は、ひとときも固定するはずはないのである。この前提に立ち、ことばの美を別な側面から眺めてみてはどうだろうか。どこかが壊れても自然に修復が繰り返され、新たな体系が形成されていく。ことばのこのような「生きざま」に美しさがあるとはいえないだろうか。英語は、短期間に大きな変化を繰り返してきた言語だけに、自身の変化に対応する姿も比較的見えやすい。

変化は現在も進行中である。著者は、1989年から1993年までスコットランドのセント・アンドルーズに滞在した。それからしばらくして、今度は1999年から2000年にかけて、イングランドのマンチェスターに滞在した。この二回の滞在経験だけを考えても、日常的に触れる英語の変容には驚かされることが多かった。もちろん、滞在した地域の違いも関係しているであろう。交流をもった人々の世代や社会背景などの違いも関係しているであろう。しかし、それらの要因を考慮しても、やはり現代英語の変化は否定できないのである。そこで、本書の記述にあたっては、英語の歴史と現代英語と

のつながりにも重点をおいた。20世紀の英語研究では、研究の対象としている言語が変化を続けている、という事実が小さく捉えられすぎる傾向があった。幸いに20世紀後半には、いわゆる「標準英語」以外の英語にも人々の関心が向かうようになった。英語の多様性や変容を詳細に調べる中で、興味深い現象の多くが英語の歴史と関係している事実も明らかになってきた。また、近年のコーパス言語学の成果の一つとして、現代英語といわれているものが均一ではないこと、また10年や20年という短い時間の経過の中にも変化が確実に起こっていることが、科学的に証明されるようになってきた。さらに、人々の認知のプロセスを研究する中で、ことばの変化の可能性が、今現在の言語活動の中にも秘められていることが明らかになってきた。このように英語に対する研究者の考え方も、20世紀後半から相当に変化してきたように思う。これまで分離されてきた感のある英語史研究と現代英語研究との接点を探ることに、少しでも本書が寄与できれば幸いである。

最後に、本書の構成は、英語のルーツを扱った第1章「インド・ヨーロッパ語としての英語」と現代英語の変化を中心に扱った第15章「言語の揺れ」の間に個別のテーマを扱った13の章を配置する形をとっている。これらの章では、「語彙の歴史」、「名詞の発達」、「動詞の発達」というように言語の異なる側面を捉え、それぞれの発達史を古英語から現代英語まで通して概観する。英語史の記述方法には、時代ごとに章分けをして各時代の記述を完結させながら次の時代に進む方法と、語彙、名詞、動詞というようにテーマごとに古英語から現代英語までを通して扱う方法があり、本書の組み立ては基本的に後者の方法による。どちらの方法にもそれなりの特徴があり、研究者の好みも分かれるところであるが、国内で出版された英語史ではどちらかといえば時代別の記述方法が採用されることが多い。そこで、本書ではあえてテーマ別の記述方法を使用した。結果的に、英語史の文化的側面よりも言語的側面に重点が置かれている。しかし、いかに言語的側面に重点を置いた英語史でも、言語の発達に関係する社会的な側面を無視することはできな

いので、第 2 章の「英語の外面史と借入語」の章をときどき参照していただくことも必要になろう。また、本書は網羅的な英語史を書くことを目的としていないので、この分野をもう少し専門的に深めたい場合には、ほかの英語史や古英語・中英語の入門書などを合わせて使用していただくことになろう。本文中の例文は、古英語・中英語の本格的な理解を目指すものではなく、あくまで言語的な発達の歴史を追うのを手助けするために配したものである。したがって、例文についての説明も必要最低限にとどめた。例文の意味を完全に理解できなくても、歴史の流れに重点を置いて、中断することなく読み進めて欲しい。文献の解釈が英語史理解において重要であることはいうまでもないが、それは本書とは異なる性質の入門書によって学ぶべきであろうことをご了解いただきたい。

　今回の出版にあたっても多くの方々のお世話とご協力をいただいた。Stephen Cadney 氏、Raymond Ian Page 氏、Michael Samuels 氏、Michael Benskin 氏、Margaret Laing 氏、Keith Williamson 氏、Clive Upton 氏、John D. A. Widdowson 氏には写真や図表の転載許可をいただいた。連絡先不明のために事前の連絡が叶わなかった方々にも、図版を使用させていただいたことについて、この場を借りてお礼を申し上げるとともに、ご許可願いたい。また、原稿の作成にあたっては、姫路獨協大学の西村秀夫先生、大阪大学の尾崎久男先生に全文をお読みいただいて、筆者の思い込みや不注意によるミスをご指摘いただくとともに、貴重なご助言をいただいた。さらに、本書の出版を企画し執筆の機会を与えて下さったひつじ書房の松本功さんにもご助言をいただいた。お世話になったすべての方々に謝意を表したい。

2007 年 2 月 17 日
家入葉子

目次

まえがき　　　　　　　　　　　　　　　　　　　　　　　　　　i

第 1 章　インド・ヨーロッパ語としての英語　　　　　　　　　1
　1．インド・ヨーロッパ語としての英語　　　　　　　　　　2
　2．ゲルマン語としての英語　　　　　　　　　　　　　　　4
　3．英語の区分　　　　　　　　　　　　　　　　　　　　　6

第 2 章　英語の外面史と借入語　　　　　　　　　　　　　　　9
　1．古英語期　　　　　　　　　　　　　　　　　　　　　10
　2．中英語期　　　　　　　　　　　　　　　　　　　　　12
　3．初期近代英語期　　　　　　　　　　　　　　　　　　13
　4．後期近代英語期から現代　　　　　　　　　　　　　　14

第 3 章　語彙の歴史　　　　　　　　　　　　　　　　　　　17
　1．語形成　　　　　　　　　　　　　　　　　　　　　　18
　2．語彙の歴史における形態上のアクシデント　　　　　　19
　3．意味の変化　　　　　　　　　　　　　　　　　　　　20
　4．意味の一般化と意味の特殊化　　　　　　　　　　　　20
　5．意味の向上と意味の堕落　　　　　　　　　　　　　　21
　6．意味の拡張性と変化のメカニズム　　　　　　　　　　22

第 4 章　文字・綴り字と発音　　　　　　　　　　　　　　　25
　1．ルーン文字から現在のアルファベットへ　　　　　　　25

2. 発音を映し出す綴り字と慣習としての綴り字　　27
　　3. 発音と綴り字の乖離　　28
　　4. 綴り字発音　　30
　　5. 現代英語の発音の変化　　31

第5章　名詞の発達　　33
　　1. 文法性から自然性へ　　33
　　2. 格変化の衰退　　35
　　3. 名詞の複数形を作る –(e)s 語尾　　37
　　4. –(e)s 以外の複数形　　37

第6章　人称代名詞の発達　　41
　　1. 頻繁に使用する語は古い形を残しやすいといえるか　　41
　　2. 人称代名詞の形態　　43
　　3. 人称代名詞の数　　45
　　4. 人称代名詞の格　　46

第7章　指示代名詞と関係代名詞　　49
　　1. 指示代名詞にも複雑な語形変化　　49
　　2. 格変化と文法性の消失から生まれた the と that と those　　51
　　3. 古英語の関係代名詞　　52
　　4. 関係代名詞のその後の発達　　53

第8章　語形変化の衰退がもたらしたもの　　57
　　1. 語形変化の衰退の背景　　58
　　2. 語順の確立　　58
　　3. 前置詞の使用の拡大　　59
　　4. 名詞の所有格　　61

第 9 章　主節と従属節　　65

1. 並列構造から従属構造へ　　65
2. 古い英語文献を読むときの and と but　　66
3. 主節と従属節の語順　　68
4. 接続詞の発達　　70

第 10 章　動詞の発達　　71

1. 不規則変化動詞　　71
2. 仮定法の衰退　　73
3. 直説法現在の語尾　　74

第 11 章　非人称動詞と過去現在動詞　　77

1. 非人称動詞　　77
2. 過去現在動詞　　79
3. 法助動詞の発達　　81

第 12 章　be と have および分詞　　83

1. be 動詞の発達　　83
2. 進行形の発達　　85
3. 英語の受動態　　86
4. 完了形の起源　　87
5. be か have か　　89

第 13 章　不定詞と動名詞　　91

1. 不定詞の形態上の変化　　92
2. 原形不定詞か to 不定詞か　　93
3. 動名詞の発達　　95

第 14 章　否定構文と助動詞 do の発達　　97

1. 否定の副詞 ne から not へ　　98
2. 古英語・中英語の ne に注意　　99
3. 古英語・中英語に特徴的な多重否定　　100
4. 助動詞 do の発達　　101

第 15 章　言語の揺れ　　103

1. 集合名詞　　103
2. 数の一致　　104
3. 前置詞の揺れ　　105
4. 形容詞と副詞　　106
5. 世界の英語　　108

参考文献　　111

索引　　117

第1章　インド・ヨーロッパ語としての英語

　英語を、最初の外国語として学んだ人も多いであろう。そして今、第二外国語を学んでいる人がいるかもしれない。もしそうであるなら、日本語を含めると三つ目の言語である。三番目の言語が視野に入ったことで、「ことば」の関係を少し抽象化してみたり、客観的に観察したりすることができるようになったのではないだろうか。二つ（たとえば日本語と英語）だけであれば、二つ目のもの（たとえば英語）を「好き」「嫌い」というような単純な図式で見てしまうかもしれない。三番目の言語、例えば中国語が入ってくると、その文字の多くは日本語と共通しているが、文の構造はむしろ英語に近いと気づくだろう。三番目の言語がドイツ語であれば、その動詞の変化の仕方は英語と似ているが、語彙については、日本語にも入っているような英語が、意外にもドイツ語では全く違う語であることが多いと感じるかもしれない。新たな言語との接触は「気づき」の機会でもある。

　時代は18世紀にさかのぼる。インド駐在のイギリス人、**William Jones** (**1746–94**)がサンスクリット語に触れたときにも「ひらめき」が起こった。サンスクリット語が、偶然とは思えないほどヨーロッパの諸言語と類似した特徴をもっていたのである。Jones は、ヨーロッパの言語もサンスクリット語も、共通の祖先にさかのぼるに違いないと考えた。ここから、**インド・**

ヨーロッパ語(Indo-European languages)の研究が急速に進み、この「ひらめき」が実際に正しいことが証明された。本書で扱う英語も、**インド・ヨーロッパ語族(印欧語族)**に属している。

1. インド・ヨーロッパ語としての英語

　英語の歴史は、現在のデンマークからオランダあたりに住んでいたゲルマン人がブリテン島に移動をしたことに始まる。**ビード(Bede, 673?–735)** の記述によれば、ヨーロッパ大陸にいたゲルマン人の**アングル族(Angles)**、**サクソン族(Saxons)**、**ジュート族(Jutes)** が、紀元449年にブリテン島に渡ったという。誕生したばかりの英語は、このゲルマン人の故郷の言語に近いものであった。1500年を超える歳月を経て、今日の姿に変化してきたのである。これだけでも、気の遠くなりそうな話である。しかし、ここで扱おうとしているのは、それからさらに数千年もさかのぼった英語のルーツの話である。

　サンスクリット語とヨーロッパの諸語の起源となる言語を**インド・ヨーロッパ祖語(Proto-Indo-European = PIE)** と呼ぶ。その文献は残されていない。もちろん母語話者もいない。したがって、あくまで理論的に想定された言語である。しかし、インド・ヨーロッパ諸言語の音韻体系に見られる対応関係を手がかりに、文献のない時代の言語を**再建(reconstruction)** する比較言語学の方法が確立し、多くの研究成果が得られている。

　図1の樹形図は、インド・ヨーロッパ諸言語(主な言語のみを表記)の起源を、進化論のイメージで示したものである。この図を見ることで、たとえばイタリア語、フランス語、ポルトガル語、スペイン語のような言語(一般にこれらの言語をロマンス語と呼ぶ)がラテン語の子孫であることがわかる。一方、英語はラテン語の子孫ではなく、**ゲルマン語(Germanic)** である。実際の言語の分析では、この図に加えて、同族でない言語の間にも影響関係があることを考慮しなければならない。しかしこの図は、インド・ヨー

ロッパ諸言語の全体的な位置づけを具体的に示すものとして、きわめて有効であるといえる。

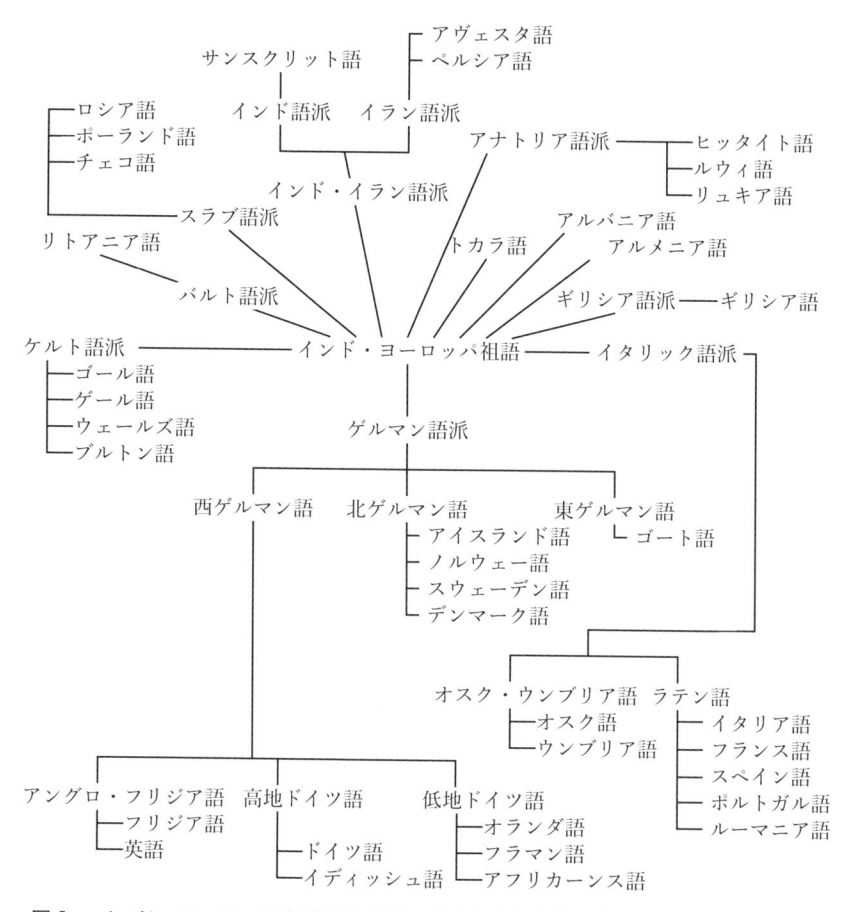

```
                           ┌─ アヴェスタ語
              サンスクリット語    └─ ペルシア語
  ┌─ ロシア語    │      │
  ├─ ポーランド語  インド語派  イラン語派     ┌─ ヒッタイト語
  └─ チェコ語       │   │      アナトリア語派 ─┼─ ルウィ語
         │         インド・イラン語派           └─ リュキア語
         スラブ語派        │        アルバニア語
  リトアニア語  │          │    トカラ語  アルメニア語
      │     バルト語派      │     │    │    ギリシア語派 ─ ギリシア語
  ケルト語派 ─────── インド・ヨーロッパ祖語 ─────── イタリック語派
  ┌─ ゴール語                │
  ├─ ゲール語              ゲルマン語派
  ├─ ウェールズ語   ┌──────────┼──────────┐
  └─ ブルトン語   西ゲルマン語  北ゲルマン語      東ゲルマン語
                              ├─ アイスランド語  └─ ゴート語
                              ├─ ノルウェー語
                              ├─ スウェーデン語
                              └─ デンマーク語

                                   オスク・ウンブリア語  ラテン語
                                   ├─ オスク語       ├─ イタリア語
                                   └─ ウンブリア語    ├─ フランス語
                                                    ├─ スペイン語
  アングロ・フリジア語  高地ドイツ語    低地ドイツ語      ├─ ポルトガル語
  ├─ フリジア語     ├─ ドイツ語    ├─ オランダ語      └─ ルーマニア語
  └─ 英語         └─ イディッシュ語 ├─ フラマン語
                                  └─ アフリカーンス語
```

図1. インド・ヨーロッパ諸語（図中の線の長さや方向は特に意図されたものではない）

　図1からもわかるように、インド・ヨーロッパ語族には、ヨーロッパからアジアといった広域の多数の言語が所属している。インドとヨーロッパだけに焦点を当てた「インド・ヨーロッパ語族」という呼び方は適切ではない

ともいえるが、一般に受け入れられているので、本書でも採用することとした。

・図1に示された言語の中から知っている言語、あるいは興味のある言語を選び、その特徴について議論してみよう。

2. ゲルマン語としての英語

　次に、ゲルマン語の部分に注目してみよう。英語(図の一番左下)のほかにも、現在のドイツ語、オランダ語、スウェーデン語などがゲルマン語派に属している。このグループは、まず**東ゲルマン語(East Germanic)**、**北ゲルマン語(North Germanic)**、**西ゲルマン語(West Germanic)** に分類することができ、英語はこのうちの西ゲルマン語に属する。英語との類似性が指摘されるドイツ語も西ゲルマン語であり、英語にもっとも近いといわれているフリジア語(Frisian)も同様である。1986年にイギリスのBBCによって製作され、日本でも放映されたドキュメンタリー『英語についての九章』に、フリジア語の母語話者が登場するが、その発音を聞くと英語との類似性が際立っていることがわかる。

　参考までに、北ゲルマン語には、ノルウェー語、スウェーデン語、アイスランド語、デンマーク語といった北欧言語が属しており(ただしフィンランド語はインド・ヨーロッパ語ではない)、東ゲルマン語には、死語となったゴート語が属している。ゴート語には**ウルフィラ(Wulfila)** による聖書の翻訳(ゲルマン語で最も古い文献、4世紀)があり、スウェーデンのウプサラ大学図書館で閲覧することができる。

　ゲルマン語には、ほかのインド・ヨーロッパ諸言語とは異なるいくつかの特徴がある。たとえば、動詞の時制が現在時制と過去時制という二つに単純化されている。音韻面では、一部の例外を除いて、語頭の音節に強勢を置く

のが、ゲルマン語の特徴である。たしかに英語には normalization のような、強勢が後半部に位置する単語も多い。しかし、英語を習い始めた頃のことを思い出してみると、単語の強勢は、ほとんど第一音節にあったのではないだろうか。あるいは、そもそも音節が一つしかない語がほとんどであったかもしれない。実は、基本語彙の多くがゲルマン系の語彙であり、その強勢は第一音節に置かれる。英語は後の時代にフランス語やラテン語などの語彙を大量に取り入れた。このため、今日の英語では、第一音節に強勢を置くという原則はあてはまらないことも多い。

　語頭が強く発音されるということは、語末が相対的に弱く発音されることを意味している。その結果、英語は語尾がどんどん衰退する歴史をたどることになる。弱化するのは語尾だけではない。lord という名詞を例にあげると、もともとは hlāf + weard（hlāf は「パン」で weard は「守る人」）の二語から構成される複合語であった。単語の後半部の弱化で、現在では lord になってしまったのである。

　次に、ゲルマン語を特徴づける**グリムの法則**（**Grimm's Law**）について述べる。もっともこの音韻変化の法則は、Jacob Grimm（1785–1863）よりも先にデンマーク人の Rasmus Rask（1787–1832）が発見していた。したがって、グリムの法則の別名である**第一次子音推移**（**First Consonant Shift**）で呼ぶのが賢明かもしれない。（「第一」というからには「第二」もある。しかし、後に起こった第二次子音推移については、ここでは触れない。）ゲルマン語のみにグリムの法則によって説明できる変化が起こったために、ほかのインド・ヨーロッパ語との間に、以下のような音韻上の対応関係が生じた。

インド・ヨーロッパ語		ゲルマン語
/ p, t, k /	→	/ f, θ, x (h) /
/ b, d, g /	→	/ p, t, k /
/ bh, dh, gh /	→	/ b, d, g /

/ p, t, k / から / f, θ, x (h) / への変化を例に取ると、グリムの法則の変化が起こらなかったラテン語の piscis が英語の fish にうまく対応しているのがわかる。また、ラテン語の tres は英語の three に、cornu は horn に対応している。

- グリムの法則の例外を説明したヴェルネルの法則(Verner's Law)という音韻法則がある。余力のある人は、これについても調べてみよう。

3. 英語の区分

すでに英語の歴史の始まりは、ゲルマン人がブリテン島に渡ったところにさかのぼると述べた。この時に移住したゲルマン人を区別して、アングロ・サクソン人と呼ぶこともある。また、England は「アングル人の土地」という意味であり、English も「アングル人の言語」という意味である。

一般に、英語の歴史を時代で区分し、**古英語(Old English = OE)**、**中英語(Middle English = ME)**、**近代英語(Modern English = ModE)**、**現代英語(Present-day English = PE)** と呼んでおり、この区分は本書の各章でも使用する。古英語は、アングロ・サクソン人のブリテン島への移住から 1100 年ぐらいまでの英語(文献が現われる 700 年ごろから 1100 年頃を古英語とすることもある)、中英語は、1100 年頃から 1500 年頃までの英語である。その後が近代英語であるが、20 世紀以降の英語を、特に現代英語と呼んで区別するのが普通である。また、古英語のことを特に Anglo Saxon と呼ぶこともある。ルネサンス以降に、古英語期の文化や人々や言語のことを Anglo-Saxon と呼ぶ習慣が広がり、今日まで続いているのである。しかし本書では、中英語や近代英語とのつながりを強調して、古英語という用語を使用することにする。時代を切るときの年代については、参考書によって微妙な違いが見られるが、連続的な時代の流れを人工的に区分するのであるから、どこで切っても不満が残るのはやむをえない。古英語と中英語の境を

1066年とする人にも、1150年とする人にもそれなりの考え方があるのだと割り切るのがよい。そもそもそれぞれの名称は、将来的に見直される可能性だってあるのである。20世紀の英語をいつまでも現代英語と呼ぶことは許されないであろう。近い将来ではないにしても、違和感を覚える時代がくることは明らかである。

- アングロ・サクソン人がイギリスに定住するようになった経緯について調べてみよう。またアングロ・サクソン人が定住する以前のブリテン島の歴史についても調べてみよう。
- 古英語・中英語の方言について、ほかの参考書を使って調べてみよう。

第 2 章　英語の外面史と借入語

　言語の歴史には、**内面史**(internal history)と**外面史**(external history)がある。内面史は言語そのものの歴史であり、外面史は言語に影響を及ぼす政治・社会・文化の歴史である。本書では主に内面史を扱うが、外面史も無視できない。そこで本章では、英語の語彙、特に借入語(loan words、簡単な言い方をすれば外来語)が導入された経緯をたどりながら外面史をみておくことにする。語彙はすでに内面史の扱う領域であるが、借入語は外面史との接点に位置している。借入語をどの言語から採用するかは、社会の変化に条件づけられることが多いからである。現在の語彙の大半は、英語本来のものではなく、むしろ他言語から借りてきたものである。日本では、近年、カタカナ語の氾濫を憂える声が大きい。一方、英語はむしろ積極的に語彙を他言語から取り入れることで今日の姿を作ってきた。語彙の借入の良し悪しは別問題として、このような言語の発達もあるということである。

・日本語におけるカタカナ語の問題について議論してみよう。カタカナ語の「氾濫」は排除すべき問題であろうか。あるいは、良し悪しは別として、実際に語彙が外国語から大量に流入するという状況に対する現実的な対応とは、どのようなものであろうか。具体的な例をあげながら議論してみよう。

1. 古英語期

　古英語は5世紀の半ばにアングロ・サクソン人がブリテン島に移住したことに端を発するが、当時の語彙も純粋なゲルマン語のものばかりではなかった。たとえばラテン語の影響は、アングロ・サクソン人がまだヨーロッパ大陸にいた頃に始まる。移住前に入ったラテン語には、street などがある。**ラテン語の影響**は移住後も継続し、特にキリスト教がブリテン島に入った6世紀以降に著しい。新しい思想や哲学の導入は、大量の語彙の必要性を生む。古英語本来の語彙をそのままキリスト教の概念に転用(たとえば God や Easter)することもあったが、ラテン語からの借入によって語彙の不足を補うことも普通であった。たとえば、mass, priest などはいずれも借入語である。

　8世紀後半から11世紀にかけての数百年間は、今度は**デーン人(あるいはスカンディナヴィア人)**による襲撃や侵入を受けた。ブリテン島の北東の約三分の二は、デーン人の法の支配下におかれ、**デーンロー(Danelaw)** と呼ばれた。南西部のウェセックス(その中心地はウィンチェスター)を支配していた**アルフレッド大王(Alfred the Great、在位 871–899)** がかろうじて持ちこたえ、デーンローの南側の地域はデーン人の支配を免れた。古英語の文献の多くがこの地の英語、すなわち**ウェスト・サクソン方言**で書かれているのはこのためである。デーンロー地域の文献の多くはデーン人に焼き払われて消失してしまった。一方、アルフレッド大王は学問の振興に熱心で、自らラテン語文献を英訳したり、『アングロ・サクソン年代記』(*Anglo-Saxon*

Chronicle) の編纂事業を進めたりした。

デーン人が話していた**古ノルド語**（**古北欧語、Old Norse**）は北ゲルマン語であり、西ゲルマン語の古英語との類似性は高かった。このため、古ノルド語の影響は、ごく自然に英語の中に浸透していったと考えられている。その証拠に、古ノルド語からの借入は日常語に多い。たとえば sk- で始まる sky, skirt などはいずれも古ノルド語からの借入語である。特に skirt は、もともと英語に shirt という同語源の語

図2. デーンロー(Danelaw)

が存在していたので、一方を「スカート」の意味に、もう一方を「シャツ」の意味に使うようになった**二重語**(**doublet**)の例である。また身近なところでは、人称代名詞の they, their, them が古ノルド語からの借入語である。人称代名詞のような言語の基本部分に借入語が採用されるのは珍しい。それほど古ノルド語の影響は身近であった。ただし、文献にこれらの借入語が頻繁に出てくるようになるには数百年の歳月が必要である。they, their, them の定着は中英語の終わりになる。

古ノルド語の影響を知る上で参考になるのが、古ノルド語起源の地名の分布状況である。たとえば -by (「農場、村」の意) がつく Derby や、-thorp (「村落」の意) がつく Althorp などがそうである。また、Canongate のように -gate のついた名前をもつ通りがあるが、これも古ノルド語の gata (「通り」の意) に由来するものである。現在でもイギリスの北部、特に Yorkshire や Lincolnshire では古ノルド語の影響を示す地名が多い。

古英語の最後に、ケルト語について述べておきたい。**ケルト人**はアングロ・サクソン人の移住以前にブリテン島に住んでいた人々である。アング

ロ・サクソン人の移住後は、Cornwall, Wales, Cumbria, Scotland に移り住んでいった。今日の**ウェールズ語**(**Welsh**)や**ゲール語**(**Gaelic**)は当時のケルト語からの発達である。伝統的に、ケルト語から英語への影響は少ないといわれている。London, Thames, Dover などの地名や川の名前などがほとんどで、それ以外では、crag, binn など、ごく少数の語がケルト語起源と考えられている。しかし最近は、英語におけるケルト語の影響を見直そうとする動きもあり、学習者向けの英語史でも、ケルト語の影響をこれまで以上に詳しく扱うもの（例えば van Gelderen 2006）が出てきている。

・日本語にも、仏教やキリスト教の伝来とともに、新たな語彙がもたらされた経緯がある。たとえばどのような語がそうであろうか。議論してみよう。

2. 中英語期

　中英語期は、事実上 1066 年の**ノルマン人の英国征服**(**Norman Conquest**)に始まるといってよい。後継者争いの末に王位についた**ノルマンディー公ウィリアム**(**William of Normandy**、在位 1066–87)はもちろん、公職や聖職についた人々がみなフランス語を使ったために、フランス語が公的な場の言語になる。1204 年に**ジョン王**がノルマンディーの土地を失った後も、フランス語の使用は継続する。中英語初期に英語文献が少ないのは、このような社会的事情によるのである。しかし、14 世紀中葉になると、百年戦争による自国語への意識の高まりなどの影響もあり、英語の地位が向上してくる。ついに 1362 年には、議会の開催を宣言するのに英語が使用された。

　英語の文献が徐々に増えてくると、英語におけるフランス語の影響が明確になってくる。中英語期にはラテン語（やはり公用語）からの借入語も多かったために、同様の意味をもつ英語、フランス語、ラテン語が英語の中に定着した例も多い。以下の表を見ると、語源の異なる同義語が微妙に異なる使い

方で生き残っているのがわかる。

英語	フランス語	ラテン語
rise	mount	ascend
time	age	epoch

　また、同じくフランス語から入った語彙の中には、中英語初期に**ノルマンディー地方のフランス語**(**Norman French**)から入ったのか、それ以降に**中央フランス語**(**Central French**)から入ったのかによって異なる形態を残しているものもある。たとえば warden は前者であり、guardian は後者である。catch と chase の関係も同じである。いずれも、同じフランス語の異なる方言形に由来する二重借用の例である。

　中英語の終わりをどこにするかについては、様々な見方がある。言語的には 1400 年頃を境に、中英語に特徴的な性質の多くが失われていく。また 15 世紀になると、第 4 章で述べる**大母音推移**(**Great Vowel Shift**)と呼ばれる発音の変化が進み始める。外面史的には、1476 年に **William Caxton**(**1422?–91**)が印刷技術を導入し、同一文献の大量生産が可能になった。標準語の発達を促し、それを定着させるためのツールも整ってきたのである。いずれにしても、1500 年までには英語はつぎの段階に入ったと考えてよい。

・フランス語から英語に入った語彙にはどのようなものがあるか、調べてみよう。

3．初期近代英語期

　近代英語期を 1500 年以降とすると、そこから現代までの時間的な道のりは長い。**William Shakespeare**(**1564–1616**)の英語を読むのが私たちに容易でないように、初期の近代英語は必ずしも現代英語に近いとはいえない。そこ

で、王政復古(1660)からしばらくたった1700年頃までを、**初期近代英語**(**Early Modern English**)と呼んで区別する。この時期の文献で、Shakespeareのほかに特筆すべきは、ジェイムズ1世(スコットランドのジェイムズ6世)が編纂させた**欽定訳聖書**(**The Authorized Version of the English Bible, 1611**)である。その英語の格調の高さから、今日でも朗読に使用されることがある。

この時期の大部分はルネサンス期とも重なる。古典への関心が高まったこともあり、古典語、特にラテン語から多くの語彙が借入された。今日では普通に用いられる scheme や system などもそうである。一方、借入語の中には極端に衒学的な響きのある語もあり、**インク壺語**(**inkhorn terms**)と呼ばれた。また、人々の関心と行動範囲が世界に広まったことで、ヨーロッパ言語に限らず、世界中の言語から借入語がもたらされるようになった。

・『欽定訳聖書』の一節を読んで、その英語について議論してみよう。
・ルネサンス期に英語にもたらされた借入語について調べてみよう。

4. 後期近代英語期から現代

近代英語期になると、人々は英語そのものに関心をもつようになった。特に後期近代英語期に入ると、辞書や英文法書の出版が急速に拡大する。初期近代英語期に **Robert Cawdrey** が出した *A Table Alphabeticall*(1604)は、少数の難語をリストにしただけのものであったが、その後、網羅的な辞書への発展がみられ、**ジョンソン博士**(**Samuel Johnson, 1709–84**)の *A Dictionary of the English Language*(1755)は、すでに本格的な英語辞典となっている。一方、当時の文法はまだ**規範文法**(**prescriptive grammar**)であり、言語のありのままの姿を科学的に観察しようとする現代の**記述文法**(**descriptive grammar**)とは性質を異にしている。この時期の規範主義の中には、今日の私たちの文法観にまで影響を与えているものも少なくない。たとえば、to

不定詞の to と動詞の間に副詞を挟む**分離不定詞**(**split infinitive**)(例えば、to abruptly stop)は規範文法の批判の対象になった。

　語彙に関しては、まず 17 世紀以降のアメリカへの移住と、それに伴う語彙の拡大がある。アメリカ英語には、tomahawk のように先住民の言語から取り入れたもの、ほかのヨーロッパ諸国からアメリカに移住した人々の母語から取り入れたものなど、イギリス英語には見られない特徴がある。また借入語とは性質を異にするが、Indian summer のような表現も、先住民との接触の結果生まれたものである。

　さらに、20 世紀以降の科学技術の発達が重要である。科学技術の発達は、結果的に大量の語彙を必要とする。その素材の多くは、語形成能力に優れたギリシャ語等から提供される。たとえば、tele– がつく語はそうである。また、近年頻繁に使用されるようになってきた holism, holistic も、ギリシャ語の「全体」を表わす語から生じたものである。さらに、考え方の多様化、新たな概念の導入などとともに、世界中の語彙が英語に入ってくる。たとえば、20 世紀に英語に導入された ombudsman はスウェーデン語である。英語の語彙は、今日も増加を続けている。

・後期近代英語期に出版された文法書にはどのようなものがあるか、調べてみよう。
・イギリス英語とアメリカ英語の語彙を比較してみよう。また、カナダ英語の語彙についても調べてみよう。
・日本語から英語に入った語彙について調べてみよう。

第 3 章　語彙の歴史

　英語の語彙は外国語にたよって、借入に終始してきたわけでもない。言語には手元の素材を加工する力が備わっている。本章では、英語が本来もっている語彙、あるいはすでに英語に入っている語彙の変貌の様子を観察する。その際に、語彙の形態上の変化だけでなく、英語史の概説書では省略されることの多い意味変化も扱うことにする。

　意味変化については、時代を特定しにくい上に、微妙な意味の違いを見分けにくいという問題がある。しかし、本来はたいへん興味深い領域である。ほとんど変化しないまま何百年も継続する語もあれば、大変貌を遂げるものもある。日本語でも、たとえば「やばい」という語は、近年これまでとは異なる使い方をされているようである。語の新しい用法は、批判の対象ともなる。しかし、数百年もたってみると、新しい意味が市民権を得て確立し、古い意味が衰退してしまうこともある。

・身近な日本語の中で、一般的な意味とは違う意味で使用される傾向が近年高まっていると思われる語について、議論してみよう。

1. 語形成

　前章で述べたように、英語の語彙に占める借入語の位置は大きい。しかし英語も、本来は語形成能力に優れた言語である。**複合**(**compounding**)は基本的な語形成の手法であり、たとえばholiday(= holy day)など、幅広く英語に浸透している。daisy(= day's eye)のように複合語であることが忘れ去られているものもある。また古英語の**頭韻詩**(**alliterative verse**)は頭韻(語の頭の音を同じにすること)のために、**ケニング**(**kenning**)と呼ばれる修辞的な複合語をたくさん使用した。hで始まる語が必要な場合に、「海」の概念を表わすのにhronrād('whale-road'の意味)という表現を作ったのはその一例である。

　その他にも、既存の語に接頭辞や接尾辞をつけて新語を作る**派生**(**derivation**)や、逆にeditorからeditを作る**逆成**(**back-formation**)などもある。この場合のeditorは、editに接尾辞を追加したのではなく、もともとeditorが存在していて、そこから一部を取り去ることでeditができたのである。同様にdifficultも逆成により、difficultyから生じた。さらに、第5章以降で扱う語尾の脱落が進むにつれて、名詞をそのまま動詞として使用したり、前置詞を名詞として使用するなどの**品詞転換**(**conversion**)も有用な手段となった。たとえば、wordを動詞として使用するのはその一例である。Singh(2005: 10)にはAre you going to curry the potatoes? というようにcurryを動詞として使用する例が紹介されているが、これも名詞のcurryからの品詞転換である。同様に、Burridge (2005: 18)は、I googled itのように、googleの動詞用法を紹介している。これも検索エンジンの名前であるgoogleからの品詞転換である。

　また20世紀後半には、性差に関する語彙が、つぎつぎに改訂された。たとえば、policemanの使用を避け、police officerを使うようになったのもその一つである。このように、名詞をそのまま並べて新しい表現を作る方法は、語尾変化のほとんどない英語では、きわめて有効な語形成の手段である。

これを一語とみなすかどうかは辞書によって異なるので、英語の単語の総数を数えるのは必ずしも容易ではない。「形容詞＋名詞」の組み合わせについても同じことがいえる。blackboard は一語として表記されるが、そうでない floppy disk も、もはや一語であるいってよいであろう。virtual reality はどうであろうか。語形成を広く定義するならば、現代英語の語形成能力も優れているといえよう。

- ケニングには、ここに述べたもの以外にどのようなものがあるか、調べてみよう。
- 英語や日本語の最近の新語について議論してみよう。
- かばん語(portmanteau words)とはどのような語のことをいうのか、調べてみよう。

2. 語彙の歴史における形態上のアクシデント

　語彙の歴史にはアクシデントもある。その一つが、**異分析**(**metanalysis**)と呼ばれる現象である。簡単にいうと切る(分析する)場所を間違えることである。たとえば a napron と切るべきところが an apron と切られて、現代英語の apron「エプロン」が生じた。本来あるべき n 音が異分析により失われてしまったのである。同じ要領で、逆に余分な n が入ってしまった例は、nickname である。本来の形は、ekename であり、eke は 'additional' の意味。すなわち、ekename とは、「もう一つの名前」という意味である。余分な n 音が入ってしまったために、語源が見えにくくなってしまった。

　同じく興味深いのが**音位転換**(**metathesis**)である。語中の発音の一部が入れ替わってしまう現象で、現代英語の bird は古英語の bridd から音位転換によって生じたものである。アクシデントも重なると、語彙として定着することがあるのである。ちなみに、現代英語の ask についても、古英語・中英語で ācsian, axe のような s 音と k 音が入れ替わった語形が見られる。

> ・異分析や音位転換の例をほかにも探してみよう。日本語にも同じような例があるだろうか。たとえば、「山茶花(サザンカ)」について調べてみよう。

3. 意味の変化

　新しい語を作り出すのも一つの方法であるが、既存の語の意味を変えたり、調整することで社会の変化に対応することもある。たとえば、動詞の write の意味変化がそうである。write は、本来は「刻みつける」という意味をもっていた。第4章で述べるように、もともと「書く」という行為は、木や石に刻みつける行為であった。このため、「文字を write する」ということは、「文字を刻みつける」ことであった。しかし、現在では write の意味は拡大し、紙に書く場合にも、コンピュータの画面を見ながらキーボードで入力する場合にも、write を使うことができる。

　もっとも、社会の変化や社会事情との「ずれ」が特定できにくい意味変化も、英語史上で大量に起こっている。そもそも意味は変化する傾向にあるものだと考えた方がよさそうである。いくつか例をあげてみよう。著者の愛好するものは、sad の意味変化である。現在では、「悲しい」という意味で使用されるが、本来は「満足した」という意味で使用された。「満たされた」状況は、ある意味で、明日への希望が感じられない状況であるともいえる。ここから、sad に「悲しい」という意味が生じてくる。

> ・nice という単語の意味変化を、図書館にある語源辞典または *The Oxford English Dictionary* を使って調べてみよう。

4. 意味の一般化と意味の特殊化

　語の意味の変化には、いくつかのパターンがあることが知られている。そ

の一つとして、まず**意味の一般化**(**generalization**)を取り上げてみよう。語のもつ意味が、より一般的になることをいう。先ほどの write「書く」も、意味の一般化の例である。特定の書き方に限定されていたものが、「書く」行為すべてについて使用できるようになった。同様の例に、carry がある。本来は「車で運ぶ」という意味であったものが、「運ぶ」という一般的な意味をもつようになった。さらに同種の例として、go をあげることができる。「歩く」という意味から「行く」という意味に広がった。最後にもう一つ代表的な例をあげると、英語の bird は、本来は「ひなどり」の意味であったが、今では「鳥」全般をさして使用される。

　また、意味変化においては、まったく逆のプロセスも見られる。**意味の特殊化**(**specialization**)である。広く使用されていたものが、特定の現象や事物に限られるようになることである。たとえば、starve はドイツ語(sterben)と同じで、もともと「死ぬ」という意味であったが、近代英語以降は「餓死する」という意味に特化して使用されるようになった。スカンディナヴィアから入ってきた借入語の die が広がる中で、条件をつけ加えることで starve は生き残ったのである。また、meat は「食べ物」全般を示す語であったが、現在では、一般に野菜をさして meat とはいわない。特定の食べ物に限定されるようになったのである。同様に、hound は「犬」から「猟犬」に、fowl は「鳥」から「家禽」に変わった。いずれも意味の特殊化の例である。

・日本語でも意味が特殊化した例はあるだろうか。議論してみよう。
・現代英語の辞書で、meat and drink の意味を調べてみよう。

5. 意味の向上と意味の堕落

　さらに、意味の変化に「価値判断」の基準が加わることがある。いわゆる「悪い意味」から「良い意味」に変化するのが**意味の向上**(**amelioration**)であり、「良い意味」から「悪い意味」に変化するのが**意味の堕落**(**pejoration**)

である。もっとも、この分類の方法には困惑を覚えることもある。たとえば、「召使、家来」の意味から「大臣」という意味に変化した minister は、伝統的に意味の向上の例とされる。しかし、「大臣」の方が「良い意味」といえるだろうか。また、steward は「豚小屋の管理人」の意味から「執事」になった。これも、意味の向上とされるが、本当にそうであろうか。一方、意味の堕落の例としては、spinster(「糸をつむぐ人」が 17 世紀から「独身女性」)があげられることもある。これもまた、少しうなってしまうのである。

　というように、意味の向上と堕落の問題には、社会の価値観と大きくかかわっている。しかし、だからといって意味の向上や堕落のような現象が起こるという事実までも否定してしまうのは、また行き過ぎであろう。少なくとも人々が特定の語を否定的に捉えるかそうでないかが、時代とともに変化する可能性があるのは事実である。

・身近な例(日本語でもよい)から、意味の向上や堕落にかかわると思われるものをあげ、議論してみよう。
・手近な辞書を複数用意して、英語の gay の意味(変化)を調べてみよう。

6. 意味の拡張性と変化のメカニズム

　上に取り上げた意味の一般化・特殊化、向上・堕落は、意味変化の代表的な例として、英語史で伝統的に取り上げられてきたものである。この場合の観察方法は、歴史的に異なる二つ以上の点を定点として、特定の語の意味をその定点で観察し、比較するという方法である。意味変化は微妙で、その過程が見えにくいので、定点観察の方法はきわめて有効な調査方法であった。数百年の隔たりを意図的に作ることにより、意味の変化をはっきりと見ることができるようになるからである。

　しかし、語彙にはそもそも拡張性があり、大きな意味変化を遂げた語だけが特別なのではない。意味変化の可能性は言語のいたるところにちりばめら

れている。なぜなら、人は語彙の不足を補うため、わかりやすくするためなどの理由で、類似の性質を持つ別な表現を用いる傾向があるからである。たとえば、「舌」の意の tongue を、「言語」の意味で使用するのは、通常の想像力の範囲で理解可能である。興味深いのは、このような操作を繰り返すうちに、意味の抽象化が起こり、語の性質自体が変わってしまうことがある点である。たとえば、be going to は、文字通り「場所を移動して、ある方向に行く」という意味から、「行く」という動作をともなわなくても、「ある事態に近づいていく」こと全般を表わすことができるようになった。現代英語の be going to は、助動詞にも似た働きをするようになってきているので、これは、もはや語彙のレベルを超えた問題である。そこで be going to については、第 12 章の「進行形の発達」のところでも言及する。同様に、「時間」という意味を抽象化して名詞から接続詞になった while については、第 9 章の「接続詞の発達」のところで扱う。また、「体」という意味の like が意味を抽象化し、形態も小さくなって –ly という接尾辞になった点については、第 15 章の「形容詞と副詞」のところで言及する。それにしても、likely が語源的に like-like であるというのは面白い。

第4章　文字・綴り字と発音

　英語の綴り字は発音と乖離しているといわれることがある。たしかに、asthma「喘息」やyacht「ヨット」のように、やや変わっている綴りをあげ始めるときりがない。しかし英語の場合も、綴りはもともと発音を反映したものであった。したがって古英語や中英語では、同じ単語が複数の綴りをもっていた。発音そのものが方言等の要因で一定していなかったからである。一般に綴り字の歴史は、発音との距離がどんどん広がる歴史である。綴り字が定着する方向に向かったのに対して、発音は変化を続けてきたためである。したがって本章では、文字および綴り字と発音の問題を同時に取り上げることにする。

1. ルーン文字から現在のアルファベットへ

　現在私たちが使用しているアルファベットはラテン文字で、イギリスでは6世紀に、キリスト教の伝来とともに伝えられたものである。もっとも、それまでのブリテン島に文字がなかったというのではない。古代ゲルマン人の間で広く使用されていたルーン文字(runes)が、ブリテン島でも使われていた。ルーン文字の正確な起源は不明だが、究極的な出所はラテン文字と同じ

で、両者の間の類似点も多い。ただしルーン文字は、本来は石や木や金属などの硬い素材に彫りつけるための文字であるので、以下に示すように形状が直線的で角張っている。

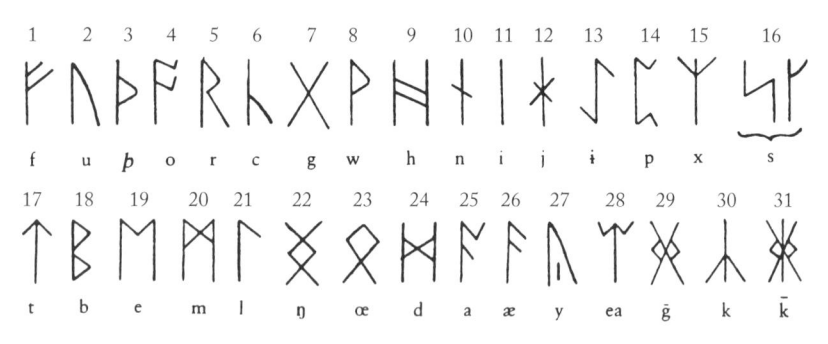

```
 1   2   3   4   5   6   7   8   9  10 11 12  13  14  15   16
 ᚠ   ᚢ   ᚦ   ᚨ   ᚱ   ᚲ   ᚷ   ᚹ   ᚺ  ᚾ  ᛁ  ᛃ   ᛇ   ᛈ   ᛉ   ᛋ
 f   u   þ   o   r   c   g   w   h   n   i   j   ï    p   x    s

17  18  19  20  21  22  23  24  25 26 27 28 29 30 31
ᛏ   ᛒ   ᛖ   ᛗ   ᛚ   ᛜ   ᛟ   ᛞ   ᚫ   ᚣ  ᛠ  ᚸ   ᛣ
 t   b   e   m   l   ŋ   œ   d   æ   y  ea  ġ   k̄
```

図3. ルーン文字(Page 1987: 19)

キリスト教は文字を書く営みと一体であったので、ラテン文字の広がりは急速であったが、ラテン文字が定着した後でも、ルーン文字から採用されて中英語まで生き残った文字もある。現在のthの音(有声音・無声音の両方)を表わすþ(thorn)、現在のwの音を表わすp(wynn)がそれである。また、ルーン文字ではないが、古い英語にはそのほかにも見慣れないものがある。aとeを組み合わせたæ(ash)とdにストロークを入れて作ったð(eth)がそうである。ðもþと同じく、現在のth

写真1. The の代わりに Ye が使用されているパブ(Stephen Cadney 氏提供)

(有声音・無声音の両方)に相当した。また、gに相当する文字であったʒ (yogh)も、写本時代の古い英語に見られる。この文字はgの音も含めて複数の音に対応するが、やや専門的になるのでここでは省略したい。以上、まとめるとþ, p, æ, ð, ʒの5つが、古い英語文献に見られる特殊文字である。写本ではþのループの部分が閉じられていないときにyとの混乱が生じることがあった。現在、イギリスのパブなどの看板の定冠詞の部分にtheではなくyeという形が記されていることがあるが、これはþeとyeの混乱に由来するもので、古めかしい雰囲気を出すための小道具的な役割を果たしている(写真1を参照)。

- ・ルーン文字と現在のアルファベットとの類似性を指摘してみよう。
- ・インターネット上で古英語や中英語の写本を探し、観察してみよう。

2. 発音を映し出す綴り字と慣習としての綴り字

　ルーン文字もラテン文字も、表音文字である。したがって古英語も中英語も、音読する場合には、基本的には書かれている通りに、いわゆるローマ字読みをすればよい。たとえば、aは/ei/ではなく/a(ː)/と、iは/ai/ではなく/i(ː)/と発音する。この発音は、日本人には比較的容易であるが、むしろ英語の母語話者には苦労が多い(後述する大母音推移と関連)。

　もっとも、綴り字に慣習の要素が皆無であったかといえば、そうではない。たとえば、古英語のscipは中英語になるとshipという綴りに変わってくるが、scを使うかshを使うかは、いわば慣習の問題である。一般に1066年のノルマン人の英国征服以降は、フランス人の写字生(scribe)の慣習が広がった。たとえば/uː/の音をouの綴り字で表わすようになったのもそうである。現在のhouseにあたる単語の古英語の綴り字はhusである(発音は/huːs/)が、中英語ではhousという綴り字で起こることが多い。古英語のcwにquが当てられるようになったのも、フランス人の写字生の影響である。

cwen は queen になった。

　i と j、v と u の関係も興味深い。本来は、i を長く書いた文字が j であり、両者の区別はない。同様に、u と v も本来は同じ文字である。現在では、どちらの場合も子音か母音かによる使い分けをするが、これが確立するのは近代英語の後期になってからである。少し古い英語に vpon という形が出てきたら、即座に upon のことであるとわかることが必要である。

3. 発音と綴り字の乖離(かいり)

　発音と綴り字の乖離は、日本語を書くときに、「は」「を」を意識的に使用しなければならないのに似ている。綴り字は定着する傾向にあるが、発音は変化する。結果的に、古くなった言語形式を綴り字が反映していることが多いのである。英語で綴り字と発音の本格的な乖離が起こるのは、中英語の終わりから初期近代英語期にかけてである。1476 年の印刷技術の導入も手伝って、綴り字は定着に向かったが、同時期に発音では、特に長母音に大きな変動が起こる。いわゆる**大母音推移**(**Great Vowel Shift**)といわれる長母音の大変動である。この音韻変化は数百年かけてゆっくり進行したが、終わってみれば、強勢のある長母音全体に影響が及んでいた。図 4 が示すように、発音の位置が一段階ずつ上昇して /aː/ は /eː/ に /eː/ は /iː/ になった。同様に、口の後ろの方で発音される母音(図では右側)についても、/oː/ は /uː/ に変化する。さらにもともと発音が口の中の高い位置で行なわれていた /iː/ は二重母音化して /ai/ に、/uː/ もまた二重母音化して /au/ となる。

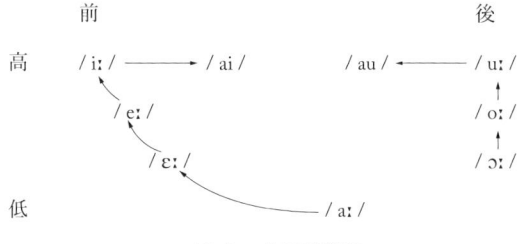

```
         前                    後
高    /iː/ ──────→ /ai/      /au/ ←────── /uː/
                                              ↑
           /eː/                       /oː/
                                              ↑
              /ɛː/                /ɔː/

低                            /aː/
```

図 4. 大母音推移

たとえば house の発音は、中英語では /huːs/ であるが、現代英語は /haus/ である。同様に、feet の発音は /feːt/ から /fiːt/ に変化した。ここで、いわゆるローマ字読みが通用しなくなるのである。

そのほかの発音の変化は、大母音推移に比べると微々たるものではあるが、現代英語の綴り字と発音との関係を知る上では重要である。たとえば、現代英語の黙字の多くは、少なくとも中英語までは発音されていた。たとえば、knight（「騎士」）には、k と gh という余分な文字が入っている。中英語では、「クニヒト」のようにすべてを発音した。音の脱落が起こり、慣習化した綴り字が古い発音を示している例である。

一方、作為的に黙字が挿入されている例もある。ルネサンス期に、人々の関心が古典語に向かったこともあり、発音にない子音字を語源に遡って復活させることが流行した。たとえば、doubt は中英語では b は発音されずに、綴りも doute のようになっていることが多い。中英語の終わり頃からラテン語の形態に遡って b が挿入され、今日の doubt になった。誤って黙字が挿入されたものもある。island の s は語源的には不要である。しかし isle から類推で s が入るようになり、s の入った綴りの方が 1700 年頃までに確立した。

また、綴り字と発音の乖離に方言の問題が絡んでいることもある。たとえば、現代英語の bury は、発音はケント地方のものを採用し、綴り字の u は南西部地方のものを採用したために、綴り字と発音との関係がやや不規則に

なってしまった例である。

　次第に、綴り字と発音の乖離を解消しなければならない、という動きも起こり、John Hart や William Bullokar などが綴り字改革を訴えた。中には極端な改革案もあったが、改革に成功したものは多くない。ただし、現代アメリカ英語の綴りがイギリス英語のものと異なる背景の一つには、Noah Webster(1758–1843) の綴り字改革があり、このときに提案された綴り字は部分的ながら今日まで受け継がれている。

> ・大母音推移の影響によりどれほど英語の発音がローマ字式の発音からずれたかを実感するために、具体的な単語をいくつか吟味してみよう。たとえば、現代英語の now の大母音推移以前の発音が、どのようであったかを考えてみよう。

4. 綴り字発音

　綴り字発音(**spelling pronunciation**)は、興味深い現象である。本来は、発音が先行し、これを映し出したものが綴り字であった。しかしながら、綴り字の固定化と発音の変化により、両者の乖離が生じた結果、この乖離をなんとか埋めようとする力が働くこともある。その一つが、綴り字発音であり、具体的には、綴り字に合わせて発音の方を修正しようとする現象のことをいう。簡単にいうと、人々の発音が綴り字に引きつけられることである。たとえば、often の t を発音する人は、この 10 ～ 20 年の間にもずいぶん増えたように感じる。また、地名などでは、現地から離れると綴り字に発音が引きずられる傾向が強くなる。たとえば、Derby の本来の発音は /dɑːbi/ であるが、/dəːbi/ という発音を耳にすることも多いであろう。

　ちなみに、性質は少し異なるかもしれないが、日本語でも話し言葉が表記に引きずられるという現象は見られる。たとえば他人事は、「ヒトゴト」と読むのが普通であるが、最近は「タニンゴト」と読む人が増えてきている。

一定以上の人が「タニンゴト」と読むようになると、社会的にも受け容れられるようになるであろう。

> ・英語の綴り字発音には、上記のほかにどのような例があるか、調べてみよう。

5. 現代英語の発音の変化

　ここまで大母音推移や綴り字発音などを特殊な現象であるかのように扱ってきた。しかし、発音とはそもそも多様化するものである。そして、ある発音のタイプが、社会的な力によって急速に拡大すると、発音の変化として私たちの目に映る。たとえば、car, barn などの「母音の後の r」(post-vocalic *r*)の音は、イギリスでは **RP**(= **Received Pronunciation,** 容認発音)はもとよりイングランド南部全体ですでに発音されなくなっているが、アメリカ英語では、ボストン周辺のニューイングランド東部地域やニューヨーク市などの一部の例外を除いて、/r/ を発音することが多い。また合衆国では、特に第二次世界大戦以降に、/r/ を発音することの社会的評価が高まったようである。社会言語学者の Labov(1966)がニューヨーク市の英語を調査した研究は有名であり、20世紀の後半以降、以前は /r/ を発音しなかった地域でも /r/ の音が聞かれるようになったという。これは、イギリスでは脱落の方向への力が働いたのに対して、合衆国の一部では脱落した音を復活する方向への力が働いた興味深い事例である。発音の変化は今も進行中であり、その背景で人々の意識が関係していることも多い。

第 5 章　名詞の発達

　名詞は、いわゆる「**開いた類**」(**open class**)の一つである(すなわち、新たな単語がつぎつぎに名詞というカテゴリーに加わることができる)ので、外国語を学ぶ場合には、ただひたすら覚え続けることになる。どこまでいっても、名詞をすべて覚えたということにはならない。現代英語の場合には、名詞とその意味を覚えればよいが、古英語を学ぶ場合の苦労は数倍になる。それぞれの名詞の格変化のパターン(後述)を覚える必要があり、また複数形もいつも –s をつければよい、というほど単純ではない。もっとも古英語で会話をする人はいないであろうから、ある程度の型を習得しておけば、あとは必要なときに参考書を見ればよい。いずれにしても、英語の名詞の歴史は、複雑な語形変化が単純化していく歴史である。

1. 文法性から自然性へ

　現代英語と異なる特徴の一つとして、古英語の名詞には **男性**(**masculine**)、**中性**(**neuter**)、**女性**(**feminine**)という文法上の性があったことがあげられる。**文法性**(**grammatical gender**)という概念は、日本語には存在せず、現代英語にもほとんど残っていないので、理解するには少し想像力

が必要である。ドイツ語で、「窓」が中性であったり、「机」が男性であったりするのと同じである。フランス語やスペイン語でも、中性はないものの、名詞には男性または女性という性がある。これと基本的な概念は同じであると考えてよい。文法性は、**自然性**(**natural gender**)、すなわち自然界の性と一致している場合も多いが、たとえばwīf(現代英語のwifeにあたる語で、もともとは「女性」の意でも使われた)の文法性が中性、tīd(現代英語のtide)が女性であるなど、必ずしも自然性と一致していないこともある。

古英語の名詞の語形変化は今日よりも複雑で、それぞれの性ごとにいくつかのパターンがあり、さらに例外的なパターンを示す名詞も多かった。以下に示すのは、男性・中性・女性の各性に典型的な変化の型である。(古英語の名詞には、強変化、弱変化、などの変化の型があるが、以下に示したのは強変化名詞の典型的な型である。)

stān 'stone'(男性名詞)	単数	複数
主格	stān	stānas
属格	stānes	stāna
与格	stāne	stānum
対格	stān	stānas

scip 'ship'(中性名詞)	単数	複数
主格	scip	scipu
属格	scipes	scipa
与格	scipe	scipum
対格	scip	scipu

giefu 'gift'(女性名詞)	単数	複数
主格	giefu	giefa, giefe
属格	giefe	giefa, giefena
与格	giefe	giefum
対格	giefe	giefa, giefe

主格以外の**格**(**case**)の名前に見慣れないものがあるかもしれないが、この際ここで覚えてしまうことにしよう。**属格**(**genitive**)はいわゆる所有格である。**対格**(**accusative**)は現代英語の直接目的語の格であり、**与格**(**dative**)は現代英語の間接目的語の格である。言葉のあやのように聞こえるかもしれないが、古英語・中英語では、属格・与格・対格はそれぞれ「所有」「間接目的」「直接目的」以外の機能で使用されることも多いので、所有格・目的格というように言い換えることはせずに、このまま用語として割り切ってしまうのがよい。

ここまで述べてきた文法性や文法性ごとに決まった型をもった格変化は、名詞だけではなく、連動する指示代名詞や形容詞にも存在し、全体としてきれいな体系をなしていた。ところが古英語の終わり頃には語尾の単純化が目立つようになり、体系として機能不全に陥ってしまう。文法性は中英語の初め頃までには衰退が進み、今日の英語では、文法性の区別はほとんど残っていない。したがって、文法性から自然性への流れは英語の名詞の歴史の一つの方向性であるといえる。文法性の衰退とともに、wife は she で、tide は it で受けるようになる。

> ・古英語の名詞の変化には、上に示した型のほかにも多数ある。どのようなものがあるか、古英語の入門書を使ってさらなる調査をしてみよう。

2. 格変化の衰退

すでにみたように、古英語の名詞は、主格・属格・与格・対格によって異なる形態をもっていた。単数と複数についてそれぞれ4つの形態があったので、重複はあるものの、基本的に一つの名詞について8種類の形があるということになる。変化語尾の –e, –um, –a, –en などが徐々に弱まりながら、–e という弱形に収斂し、最終的にはそれも衰退して語尾がなくなるというのが発達の流れである。古英語から中英語に移行する時期には、すでに

名詞の語尾変化は、かなり弱まっていた。また、ときには語尾変化が混乱して、本来 –e でよいところに、意識しすぎて誤った形、たとえば –a などが現われるのも面白い。（語尾変化に限らず一般に、注意しすぎてかえって誤ってしまうことを**過剰矯正**(**hypercorrection**)という。）

　今日では、語尾変化が完全に衰退してしまったように見えるが、実は所有格の –'s は古英語の属格の語尾に由来する。ちなみに、女性名詞の変化表を見ると、属格に –es は存在しないが、今日では古英語の女性名詞に由来する名詞にも –'s をつけて所有格を作る。これは、男性名詞や中性名詞の単数属格の語尾が一般化して、女性名詞にも適用されるようになった結果である。このように、言語変化においては、**類推**(**analogy**)の働きにより一般的な型に引きつけられる傾向がある。古英語には単数属格で –es 以外の語尾をもつ名詞が、giefu のような女性名詞のほかにも多数あったが、今日ではそのほとんどが所有格に –'s を取るようになっている。

　以上のように属格の語尾は今日まで継承されるが、そのほかにも部分的に、古い語尾変化の影響が残っていると思われることがある。よく例に出されるのが、現代英語の alive である。名詞 life の f の音が、形容詞 alive では v となるのには、格変化の問題が関連している。life は古英語の līf にさかのぼり、alive は古英語の on līfe にさかのぼる。on līfe に語尾の –e がついているのは、前置詞 on のあとで līf が与格になっているからである。重要な点は、古英語では母音あるいは有声子音に挟まれた f の音は濁って v の発音になったという点である。つまり、on līfe では、語尾の –e のおかげで、f の音が濁ったのである。この濁った音が、今日の alive に残っている。

　参考までに、giefu の f も母音に挟まれているので、/v/ の音になる。また、語頭の g は口の前方で発音する母音、たとえば /i/ や /e/ が続くときには /j/（現在なら、y の綴りで示す音）の発音になるので、giefu は、「イエヴゥ」のように発音する。

- 古英語の発音は基本的にはローマ字読みをすればよいが、一部に注意すべき点がある。本書は古英語の習得を目的としていないので、詳細を扱うことはしないが、興味がある人は、古英語の入門書を使って確認してみよう。

3. 名詞の複数形を作る –(e)s 語尾

　言語変化のパターンには、(1)強いもの、あるいはより一般的なものに吸収される、(2)過剰矯正により特殊なものが時として起こる、(3)限定的に現われていたものが環境の変化により突然爆発的に広がる、など、いくつかの傾向が見られる。英語の名詞の複数形については、類推の働きにより「強いもの、あるいはより一般的なものに吸収される」現象が起こった。現在、名詞のほとんどは –(e)s をつけることで複数形を作るが、これは前節に示した三つの変化型のうち、男性名詞の語形変化の複数形に由来する。すなわち、古英語の stān の複数形 stānas にみられる –as 語尾が、現在の名詞の複数語尾 –(e)s のもとになっているのである。前節で述べた、属格語尾の –es の拡張と類似の現象であるといえる。

　以上のような歴史的流れは、今日私たちが英語を学ぶ場合の苦労を減少させた。古英語のままの複数語尾が維持されたならば、名詞を覚えるたびに、複数形も確認する必要があったはずである。言語使用者の負担をできるだけ軽くする方向に言語が変化しようとするのも、しばしばみられる傾向である。

4. –(e)s 以外の複数形

　名詞の語尾の脱落が進んでも、英語は単数と複数の区別を失うことなく今日に至っている。日本語では「もの」が一つであるのか二つ以上であるのかを言語の形式で表現することは、必ずしも必要ではない。これに比べると、

英語は数にこだわる言語である。また、coffee のように、一般には複数にできない名詞も、喫茶店で注文をするときには two coffees となるなど、英語の数の概念にはわかりにくいことが多い。

　さらに英語には、複数としての認識はあっても、単数と複数が同じ形式をもっている名詞がある。この場合は、–(e)s によらない例外的な複数形と解釈すべきであろう。その多くが古英語の中性名詞にさかのぼる。中性名詞の複数語尾 –u は、長母音を含む単音節の語(たとえば hūs 'house')では、すでに古英語でも脱落し、結果的に、単数と複数の主格が同形になっていた。現代英語の deer や sheep が単複同形であるのは、このためである。中には時代を経るにしたがって、類推の働きで、–(e)s 語尾を取る名詞に合流してきたものもある。たとえば word は中英語でも頻繁に単複同形で使用されている(つまり複数も word)が、現在では –s をつけて複数形を作る。

　以上のほかにも古英語以来の複数の名残として、–(e)s 語尾を取らないものが現代英語に残っている。たとえば、古英語の語尾 –an から発達した –en は代表的な複数語尾の一つで、今日では oxen(ox の複数)などに残っている。歴史的には、–(e)s 語尾に統合される傾向があり、以前は –en 語尾を取っていた egg, eye, shoe なども、今日はで –(e)s 語尾を取る名詞に合流している。

　また –en 語尾は、ほかの複数語尾と一緒に使われることで、いわゆる**二重複数(double plural)**になっていることもあり、children は一般にその例であるとされている。children の r が複数語尾の –ru に由来し、複数語尾 –en がさらに加わったという。とすれば、日本語の「子どもたち」(「ども」+「たち」)と同じ原理である。

　複数語尾 –(e)s を取らないものとして、最後に**ウムラウト複数(mutation plural)**をもっている一連の名詞を扱いたい。これは、語幹の母音の性質を変えることで複数形を作った名詞であり、今日まで –(e)s 語尾による複数に合流することなく、継続しているものも多い。feet(foot の複数)、geese(goose の複数)など、多数の例を思い浮かべることができるであろう。本来

は、音の変化を引き起こす音韻環境が存在したのであるが、これはすでに古英語の段階で失われている。したがって、私たちの目には foot と feet の対立、goose と geese の対立だけが映ることになる。

- ウムラウト複数をもつ名詞をほかにもいくつかあげてみよう。辞書を使って kine という単語について調べてみよう。
- コンピュータのマウスの複数形が mouses となることがある。この点について、議論してみよう。

第6章　人称代名詞の発達

　英語を日本語に訳すときに、関係代名詞を「～するところの」とすると、不自然になる。同様に、heを「彼」sheを「彼女」と訳すのも不自然である。どうやら英語と日本語とでは、人称代名詞の体系が異なるようである。そこで英語を学んだときには、英語の人称代名詞の体系をそのまま受け容れ、丸暗記することから始めた。このような英語の人称代名詞も、歴史的に変化を繰り返しながら今日に至っている。しかもその変遷は、不規則性に満ちている。言語の変化にはある種の方向性があることが多いが、同時に予期しなかったことが起こることもある、ということを具体的に示すのが、英語の人称代名詞の発達の歴史である。

　■　・日本語との比較対照の上、英語の代名詞の特徴を論じてみよう。　■

1. 頻繁に使用する語は古い形を残しやすいといえるか

　英語は5世紀の半ばにゲルマン人がブリテン島に定住してから現在までの間に、大きな変貌を遂げてきた。このため、古英語は通常は英語の母語話者にも解読困難である。母語話者でも、Ælfred kyning hāteð grētan Wærferð biscep his wordum luflīce ond frēondlīce (King Alfred, *Gregory's Pastoral Care*)(全体の意味は理解しなくてよい)のような古英語を見ると、泣きたくなるであろう。ところが幸いなことに、言語の発達では、使用頻度の高い語は変化しにくい傾向がある。たしかに上記の古英語でも his は、現代英語の his と一致している。実は、この文にはないが、古英語の男性単数の人称代名詞は、hē(長音記号は通常は写本にはない)である。発音こそ現代とは異なるが、やはり現代英語でも同じ形態が継続して使用されているのである。日常的に使用する人称代名詞がどれほど歴史に耐えてきたか、あるいは変容したか、を検証するために、まず古英語の人称代名詞を整理した以下の表を見ることにしよう。

一人称	単数	両数(私たち二人)	複数
主格	ic	wit	wē
属格	mīn	uncer	ūre
与格	mē	unc	ūs
対格	mē	unc	ūs

二人称*	単数	両数(あなたがた二人)	複数
主格	þū	git	gē
属格	þīn	incer	ēower
与格	þē	inc	ēow
対格	þē	inc	ēow

三人称	男性単数	女性単数	中性単数	複数
主格	hē	hēo	hit	hīe
属格	his	hire	his	hira
与格	him	hire	him	him
対格	hine	hīe	hit	hīe

*二人称 git と gē に現れる g は、現代の y に相当する音を示す(g の発音については、第 5 章も参照)。したがって、gē は yē に置き換えると、今日の英語とのつながりがわかりやすい。

たしかに、hē や his 以外にも、現代英語との連続性が見られる。古英語の mē が現代英語の me に、古英語の wē が現代英語の we に一致する。しかし同時に、現代英語の人称代名詞とは似ても似つかない形態も、表には含まれている。以下では、この点を検討してみることにする。

・古英語の人称代名詞の表を見ながら、現代英語との連続性を論じてみよう。また、現代英語の人称代名詞と大きく異なる点についても論じてみよう。

2. 人称代名詞の形態

すでに述べたように、古英語と現代英語の人称代名詞には多くの場合に連続性が見られ、発音の変化を無視すれば、形態が一致しているものもある。また、一致していない場合でも、変化を容易に跡づけることができるものもある。たとえば三人称単数中性 hit は、h 音が落ちて現代英語の it に落ち着いたのであろう。しかし一方で、現代英語の形態とはまったく性質を異にするものも含まれている。歴史的に興味深いのは、三人称単数女性の she と三人称複数の they がどのような経過を経て英語に導入されたかという問題である。古英語の hēo, hīe と現代英語の形態との間には、明らかな断絶がある。

三人称単数女性の she は、古英語の hēo に替わって中英語以降に広く使用されるようになる。しかし、新しい人称代名詞 she の起源については、さまざまな議論がなされているものの、いまだに意見の一致をみていない。指示代名詞の sēo（第 7 章で扱う）に起源があるとする研究者もいるが、hēo が古ノルド語の影響を受けながら音韻変化を起こした結果が she であるという説もある。なお、この変化は主格のみに起こった。したがって、現代英語の her は古英語から継承しているものである。

一方、they の導入に関しては、古ノルド語からの借入であることがわ

かっている。こちらは主格以外にも変化が起こった。また、they, their, them の三つの形態が中英語期に定着していくのにはかなりの時間を要したので、変化の過程が見えやすい。中英語初期には、古ノルド語の影響が強い北部から they が使用されるようになり、しだいにその使用は南下しながら、ほかの方言に拡大していった。最初に拡がった主格の they に少し遅れて、次第に their と them が浸透していく。**Geoffrey Chaucer（1340?–1400）**の英語は 14 世紀のロンドン地域の英語である。その Chaucer の著作では、主格の they は使用されているが、主格以外では古英語から継承した古い形態が使用されている。たとえば、*The Canterbury Tales* の「総序」に A cook they hadde with hem という文が出てくるが、これを文字通り現代英語にすると A cook they had with them となる。中英語後期になっても、まだ they, their, them は浸透の過程にあるのである。

　現在でも、人称代名詞の古い形態の名残が部分的に使用されている地域もある。図 5 はイギリスにおける she の方言地図であり、sh の音を獲得しなかったと思われる形態の存在（特にブリテン島の西部）を示している。

　同様に、三人称複数についても、古い形態が残っているといわれることがある。現代英語に、I like 'em（I like them の意）のように弱形として使用される 'em があるが、これは them ではなく古英語から継承した形態の h が落ちたものだとされている。

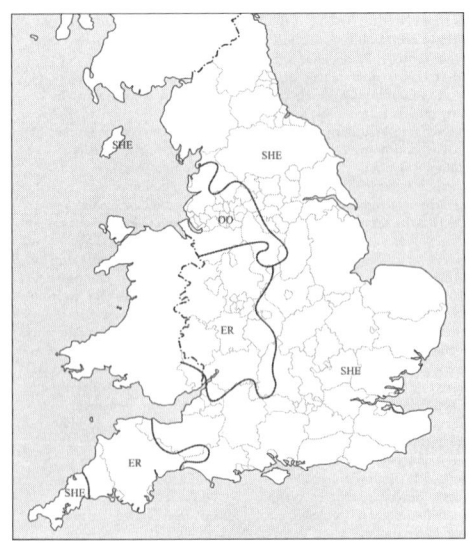

図 5. 現代英語の she の方言分布
（Upton & Widdowson 2006: 80）

- *The Oxford English Dictionary* の she と they の項目を見て、それぞれの起源についての説明を読んでみよう。

3. 人称代名詞の数

　名詞のところで述べたように、英語は日本語に比べて、数にこだわる言語である。そのこだわりは、人称代名詞でも見られるのであろうか。古英語の人称代名詞の表を見ると、たしかに数へのこだわりが確認できる。単数・複数の区別のみならず、一人称・二人称には、二人を表わす**「両数」(dual)** があった。「二」は複数の中でも特別な存在なのである。人体の器官の多くが二つあり、対を成していることと関係しているという説もある。

　しかし一方で、数へのこだわりがあるのであれば、もっと徹底的にこだわればよいのに、と思う面もある。まず、古英語の両数は早々に衰退する。中英語では一部の文献を除いて、基本的には「両数」は見られない。つぎに、二人称代名詞の thou と you の問題がある。古英語の表からもわかるように、もともと二人称代名詞単数 þū(今日の thou)と複数 gē(今日の you はもともと目的格で、主格は ye)は使い分けられていた。この区別が崩れてくるのが、中英語後期からである。はじめは、現在のフランス語やそのほかの多くのヨーロッパ言語と同様に、「敬意」を示すために、相手が一人であっても複数形の ye(やがては you)を使用した。これが次第に一般化し、近代英語に入ってからは thou の使用頻度が低くなり、ついには衰退する。現在では、thou が使用されるのは、聖書や方言などのごく限られた場面のみである。このため、thou の方が丁寧であると勘違いしている人も多い。単数と複数を区別することが重要としながらも、これほど大きな変化を許してしまったのは驚きでもある。

・二人称代名詞で単数と複数の区別が失われたことが英語にとってよかったのかどうか議論してみよう。ほかのヨーロッパ言語と比較してみるのも面白い。

4. 人称代名詞の格

　日本人の英語学習者が「主格」や「目的格」という用語を知っているのは、ひとえに人称代名詞が格変化を残してくれているからである。前章で扱った名詞は、すでに古英語の終わり頃から格変化の衰退が著しい。これに対して人称代名詞では、現在でも格変化が残っているが、それでも古英語の表を見ると、格の融合があちらこちらで起こっているのがわかる。もっとも一般的な現象は、与格と対格の融合である。すでに古英語で同じ形の場合もあるが、そうでない場合でも、やがてどちらかが残りの一方を吸収してしまう。与格と対格の区別は現代英語では失われているので、与格の概念を理解するのは、日本人だけでなく、英語の母語話者にも難しい。著者はスコットランドの大学で「dative を説明しなさい」という試験問題を見たことがある。

　具体的には、三人称単数男性では、him と hine のうち与格の him が生き残った。同じく女性では、hire と hīe のうち、やはり与格の hire が生き残って、現在の her になった。しかし、必ずしも与格が残るとは限らない。三人称単数中性の hit では、him と hit のうち、対格の hit が一般化して、今日の it になった。him が残れば、男性・中性の区別がなくなるので、性の区別の方が優先されたのであろう。

　また、三人称単数中性の it については、属格の his についても、男性 he の属格 his と共通であるという問題を抱えていた。初期近代英語期に it に -s を付加した its を生じることで、この問題は結果的に解決されることになる。移行期には、主格や対格と同形の it をそのまま属格として使用するような例も見られる。

次に、二人称代名詞の you についてである。you は数の問題でも取り上げたが、格の融合との関連でも興味深い。you は、古英語の表を見る限り、主格ではないはずである。与格・対格の ēow に y 音が付与された形態である。本来の主格形は ye であるが、中英語後期以降に、主格 ye と目的格(与格と対格)you の混同も起こる。両者の発音が弱形ではほとんど区別できなかったことも一因であろう。結果的に生き残った you は、主格としても使用されるようになった。

格の融合に関係すると思われる動きは、現在もひそかに進行中である。たとえば、本来は主格を使うと思われる場面で、me というように目的格を使うことが自然な場合も多い。たとえば、me and Laura というように and で結ぶ場合には、I and Laura としないことも多い。また、Kjellmer(1986) の "'Us Anglos are a cut above the field': On Objective Pronouns in Nominative Contexts" という論文は、主語にもなる us Anglos のような表現を扱ったものである。この場合も、本来は主格でない us が主語の位置に現われている。また人称代名詞ではないが、whom が主格の who に吸収されつつあるのも格の融合である。

・who と whom の使い分けや融合について、辞書を用いて調べてみよう。

第7章　指示代名詞と関係代名詞

　指示代名詞と関係代名詞を同時に扱うことに違和感を覚える人がいるかもしれない。しかし、現代英語の that は、指示代名詞の機能と関係代名詞の機能を兼ね備えている。時代をさかのぼって古英語でも、指示代名詞の se（今日の that と the に相当）は、関係代名詞の機能を備えていた。両者は、関連をもっているのである。本章では、複雑な語形変化を示した指示代名詞が語形的に単純化していく過程と、英語における関係代名詞の発達を扱う。なお、指示代名詞に由来する関係代名詞ばかりでなく、疑問詞に由来する後発の関係代名詞 which、who(m) についても、本章で扱うことにしたい。

1. 指示代名詞にも複雑な語形変化

　古英語の指示代名詞には、現代英語の this に相当するものがあったが、ここでは現代英語の that と the の機能を一語で担っていた指示代名詞 se を例に、語形変化が単純化していく過程を見ることにする。se は、名詞と同様に複雑な語形変化をしていた。誰でも見るといやになることを承知の上で、その変化表を以下に示す。

	単数	男性	女性	中性	複数
主格		se	sēo	þæt	þā
属格		þæs	þǣre	þæs	þāra
与格		þǣm	þǣre	þǣm	þǣm
対格		þone	þā	þæt	þā
具格		þȳ, þon		þȳ, þon	

表からもわかるように、指示代名詞の語形変化は、ある意味で名詞の語形変化よりも複雑であった。名詞の場合には主格と対格が実質同じ形態をしていることが多いが、指示代名詞では、男性単数、女性単数において、その区別がある。（指示代名詞で男性、女性、中性という場合の文法性は、対応する名詞の文法性に合わせて語形を変更するためのものである。）さらに、指示代名詞には、名詞ではすでに失われていた**具格**(instrumental case)がある。文字通り、手段や道具を表わす格である。実はこの具格は、現代英語の「the ＋ 比較級～, the ＋ 比較級～」の構文に残っている。定冠詞と比較級を使っただけでなぜ「～すればするほど」という意味になるのか、不思議に思った人もいるだろう。実は、この場合の the は、ただものではなかったのである。ちなみに、具格は古英語の疑問代名詞にも存在した。今日の why は疑問代名詞 what の具格形である。

・参考までに、現代英語の this に相当する古英語の指示代名詞の変化表を以下に示した。語形変化が単純化したことを確認してみよう。

	単数	男性	女性	中性	複数
主格		þes	þēos	þis	þās
属格		þisses	þisse	þisses	þissa
与格		þissum	þisse	þissum	þissum
対格		þisne	þās	þis	þās
具格		þȳs		þȳs	

2. 格変化と文法性の消失から生まれた the と that と those

　以上のように複雑に語形変化していた指示代名詞も、歴史的には単純化の一途をたどる。すでにみたように、名詞そのものが古英語の終わり頃には文法性を失い、格変化も単純化していく。したがって、指示代名詞が文法性をもつ意味もなくなっていく。格変化については、名詞の格変化の衰退を補う意味で、指示代名詞だけが格変化を残すという可能性もあったであろう。しかし歴史的には、指示代名詞の格変化の衰退の方が、名詞の格変化の衰退よりもさらに著しいものとなった。名詞の属格は所有格として今日も残っているが、指示代名詞では属格も含めて消失した。

　興味深いのは、古英語期には多機能であった指示代名詞の se であるが、中英語になると、上記の語形変化表の中からいくつか目立ったものが生き残り、the と that（複数 those）という別々の語として独立したことである。それ以外の形態はすべて消失してしまう。定冠詞の the は男性単数主格の se の s が th に置き換わったものである。that は、中性の単数形から生じた。一方、複数形の those は、古英語の複数形 þā から生じた þo に s を付加して作られた形であろうと考えられている。その過程で、this（古英語形は þes）の複数形から生じた þos との混乱もあったのであろう。

　指示代名詞 se の表に示した形態はすべて関係代名詞としても機能したが、この役割は最終的には that のみに託されることになり、the は冠詞として独立した。こうして、現代英語にまで継続するシステムが中英語の初めにほぼ定まってくるが、中英語初期においては、まだ古英語の名残、すなわち that と the の分化が不完全であったり、格変化を一部に残している様子などを文献の中に見ることができる。たとえば、以下の例の þare（属格形）はその一例である。（þare Hule eardingstowe の部分は、「そのふくろうの住みか」の意で、属格の þare Hule が「住みか」（eardingstowe）を修飾している。）

Hit was þare Hule eardingstowe (*The Owl and the Nightingale*)

ほかにも、明らかに定冠詞であると思われるところで、the ではなく that が使われている場合もある。後ろに来る名詞がもともと中性名詞であったような場合に見られることが多い。

3. 古英語の関係代名詞

　古英語の関係代名詞には、まず性(文法性)・数・格にかかわりなく使用できる便利な þe があった。これ以外に、すでに述べた指示代名詞の se およびその変化形(語形変化については上記を参照)を関係代名詞として使用することができた。こちらは性・数・格をはっきり示すことができたので、また別な意味で便利であった。さらに第三の関係代名詞として、両者を組み合わせて、たとえば se þe とする関係代名詞の用法もある。古英語は理解できなくてもよいので、以下の例を見て、だいたいの感じをつかんでほしい。

(1) 　þe
　　 Iudas gestrȳnde phares and zaram of þām wīfe [**þe** wæs genemned thamar]
　　 (*The West-Saxon Gospels*, Matthew 1: 3)
(2) 　se
　　 hē geseh twēgen gebrōðru symonem [**se** wæs genemned pētrus] and andream his brōþor sendende hyra nett on þē sǣ
　　 (*The West-Saxon Gospels*, Matthew 4: 18)
(3) 　se þe
　　 ān ys ēower fædyr [**se þe** on heofonum ys]
　　 (*The West-Saxon Gospels*, Matthew 23: 9)

　関係代名詞節の部分を四角括弧にいれた。それぞれ下線部のみを訳すと、(1)は「タマルと呼ばれた女」(関係代名詞は þe)、(2)は「ペトロと呼ばれたシモン」(関係代名詞は se)、(3)は「天におられるあなたがたの父」(関係代

名詞は se þe) となる。

　指示代名詞を関係代名詞として使うというのは現代の感覚からすると分かりにくいかもしれないが、すでに述べたように、現代英語の that にはその機能がある。ここでは簡単に触れるだけにしたいが、実は、副詞にも似たような現象が見られる。たとえば、現代英語の there にあたる þǣr は、古英語では there の意味にも使用されたが、関係副詞的に where の機能で使用されることもあった。同様に then の意味の古英語 þā も、when の機能を兼ね備えていた。

4. 関係代名詞のその後の発達

　上に示したように、指示代名詞の語形変化は、中英語の始まる頃までに単純化する。これにともなって、関係代名詞の形態上のヴァリエーションも著しく減少した。すでに初期中英語では、指示代名詞由来の関係代名詞は that に集約されており、このほかには、関係代名詞専用の þe が古英語期から生き残っていた。that は、語形変化表からもわかるように、古英語では中性名詞の主格と対格に使用されていた。このためか、中英語になってからも無生物との相性がよく、先行詞が生物の場合には þe が好まれる傾向も見られた。しかし実際には、時代が下るにしたがって þe は衰退し、古英語以来の関係代名詞としては that のみが生き残っていく。どのような場面にも that が登場しなければならなかったのであるから、that は非制限用法でも使用された。

　ただし中英語になると、現代英語で関係代名詞として普通に使用される which や who(m) が少しずつ発達してくる。また、which の発達過程には the which というように定冠詞がついたものも見られ、この形は中英語後期に北部から拡がった。すでにロンドン方言の Chaucer の英語にも、The which, as I kan now remember, / I wol yow tellen everydel (*The House of Fame*) のような例がある。この the which は、近代英語期に入ってからも、しばらく

使用される。

　同じく疑問詞起源の関係代名詞 who が見られるようになるのも中英語期である。ただし、who と which では which の進出の方が早く、中英語後期の文献でも、もっぱら that と which が関係代名詞として使用されているように見える。who の進出は遅いのであるから、「人」が先行詞である場合にも which が使用された。この点も、現代英語と異なる点である。この用法は、初期近代英語、たとえば Shakespeare の英語でも見られるし、また教会で注意深く聞いていると、今日でも「主の祈り」の冒頭が Our father which art in heaven となっていることがある。古い時代の英語の名残である。ただし、主格以外の格を示すことができる whose や whom は有用であったためか、who よりは使用の拡大が早い。生物と無生物の関係についていえば、近代英語期以降、できれば whose を生物に、of which を無生物に使用しようとする傾向が強まってきているようである。もっとも歴史的には、whose は who の属格形であるばかりでなく、what の属格形でもあるので、本来なら whose を無生物に使用しても何ら問題はないはずである。

　近代英語期以降に which や who の使用が拡大するにしたがって、疑問詞由来の関係代名詞の正統性を主張したいという感覚も生まれてきたようである。1711 年の *Spectator* に掲載された "Humble Petition of WHO and WHICH" は、that をむやみに使用することを批判し、who と which の正統性を主張している。しかし実際のところは who と which の方が後発の関係代名詞であり、また統計的にも、当時の英語で that が特に多く使用されて who や which の持ち場を奪っていたという様子でもない。

・関係代名詞と先行詞との関係は、現代英語でも面白い。たとえば、先行詞が最上級である場合、先行詞に all や every などがくる場合など、特定の場面で that を使う傾向があると学んだかもしれない。しかし、実際に調査をしてみると、このような環境で、必ずしも that が使用されているとは限らない。また、which については、どちらかというとイギリス英語でよく使われるという報告もある。海外の新聞記事などをインターネット上から集めて、関係代名詞の使い方を調査してみよう。

第8章　語形変化の衰退がもたらしたもの

　名詞、代名詞、指示代名詞・関係代名詞の章で述べたように、英語史の特徴の一つは、文法関係を示す語尾がどんどん衰退したことである。インド・ヨーロッパ祖語には8つの格変化があったと言われているが、現代英語では、名詞には主格(実際にはこれを目的格としても使用するので通格と呼ぶ方が適当であろう)と所有格の二つ、代名詞には主格、所有格、目的格の三つしか残っていない。やや専門的な用語では、古英語を「完全屈折の時代」(語尾が保持されていた時代)、中英語を「屈折語尾水平化の時代」(語尾が弱まり、–e に収斂(しゅうれん)していく時代)、近代英語期以降を「屈折語尾消失の時代」(語尾がなくなった時代)と呼ぶ。現代でも所有格などの区別は残っているが、この名称はおおむね英語の歴史的流れを捉えているといえる。なお、語尾変化のことを日本語で**屈折**と訳し、英語では inflection という。屈折は、本来は名詞系の**語形変化**(**declension**)と動詞系の**活用**(**conjugation**)の二種類から構成されている。本章では、主に名詞系の屈折の衰退について考えることにする。

1. 語形変化の衰退の背景

　語尾の脱落の要因の一つとして、英語の強勢の位置が、ゲルマン語の特徴を反映して基本的に語の第一音節にあったことがあげられる。語の最初を強く発音すると語尾の音が相対的に弱くなり、語尾の脱落を招いたというのである。おそらく、この説明は正しいであろう。同じくゲルマン語であるドイツ語の母語話者と話をしていて、ドイツ語の語尾が聞き取りにくいと思った経験を、著者は少なからずもっている。しかし、一方でゲルマン語でない言語にも、英語以上に格変化語尾の脱落が進んだものがあるのも事実である。

　このほかに、語尾の衰退の要因にあげられるのは、英語が頻繁に外国語と接触した点である。特に古英語時代に接触の多かった古ノルド語は、英語と語彙が類似していたために、かえって語尾の混乱を招いたといわれている。語尾に違いはあるものの、そのまま語の意味を理解できることが多かった。語尾が混乱したままコミュニケーションが成立したことが語尾の衰退を促したというのである。次節以下では、語尾の衰退がもたらした新たな展開について考える。

> ・英語以外のヨーロッパ言語について、格変化がどれだけ保持されているか、あるいはどれほど脱落しているかを調べてみよう。たとえばフランス語やスペイン語はどうであろうか。ロシア語はどうであろうか。
> ・英語の格変化については、名詞、人称代名詞、指示代名詞を扱った。このほかにも、形容詞の格変化の衰退も著しい。現在ではまったく格変化をしない形容詞であるが、古英語では複雑な変化語尾をもっていた。古英語の入門書を使って、形容詞の格変化についても調べてみよう。

2. 語順の確立

　語尾の衰退がもたらしたものの一つに、語順の確立がある。主語を表わす主格と目的語を表わす与格や対格の区別がなくなると、別な方法によって、

主語と目的語の混乱を避ける工夫が必要になる。主語を動詞の前に置くという原則を確立することは、そのきわめて有効な解決策であった。もっとも、古英語でも実際には主語は動詞の前にくることが多かった。古英語の語順は自由であったといわれるが、あくまで現代英語と「比較の上で」自由であったのである。格が語尾によって明示されていたので、目的語が主語に先行しても、文の理解を妨げることがなかったというだけのことである。以下は、その一例である。

  Þone fisc æt se guma.

このままの語順で現代英語に置き換えると、The fish（目的格）ate the man（主格）となる。格を語尾で表わすことのできない現代英語では、順番を入れ替えて The man ate the fish とする必要がある。あるいは目的語を先にする場合でも、The fish the man ate のように主語を動詞の前に出して混乱を避ける工夫が必要になる。また、イントネーションも重要である。目的語を文頭に出すのであれば、目的語のあとで息継ぎをし、次の主語と動詞を連続して発音することになる。ここではもっぱら語順の問題を扱っているが、語尾の衰退は、実はイントネーションの重要性を増したという側面もある。

3. 前置詞の使用の拡大

 英語は**総合的な**(**synthetic**)言語から**分析的な**(**analytic**)言語に発達してきたといわれる。総合的な言語とは、文法関係を示す機能がたとえば語尾変化のような形で一語の中に統合されている言語であり、分析的な言語になるにつれて、その機能を別な語に分担させるようになる。たとえば、「〜に」という間接目的語の意味を表わすのに名詞を与格形にするのは総合的な方法であり、to the lady のように前置詞の to を使用するのは分析的な方法である。このような前置詞の使用の拡大も、語形変化の衰退の結果であると考え

られている。
　たしかに、古英語の属格・与格・対格は、今日なら前置詞が担っているさまざまな役割を果たしていた。たとえば、与格は間接目的語を表わす格であるが、その機能は幅広く、手段や方法を表わしたり、場所を表わしたりした。したがって与格の衰退は、手段や方法や場所を表わすさまざまな前置詞の使用を拡大させることになる。人称代名詞のところで取り上げた古英語 Ælfred kyning hāteð grētan Wǣrferð biscep his wordum luflīce ond frēondlīce (King Alfred, *Gregory's Pastoral Care*)（全体の意味は理解しなくてよい）を例に取ると、wordum が word（「ことば」）の複数与格形である。すなわち、his wordum は、「彼のことばで」の意である。この場合に、現代英語なら前置詞を使用するであろう。
　もっとも古英語の文献を読んでいて気づくことは、すでに前置詞がたくさん使用されていることである。たしかに上の wordum のように格変化だけで文法機能を表わす場合もあるが、実際には手段や方法を表わす前置詞 mid（現代英語の with にあたる前置詞）とともに与格を用いたり、場所を表わす前置詞 on とともに与格を用いる例が多い。したがって、前置詞の使用の拡大は、そもそも徐々に進行していたのであり、語形変化の衰退によって、いっそうその役割を明確にしたのだと考えることもできる。いわば、語形変化の衰退を補うものとしての「自覚」をもつようになったのである。次節で詳しく扱う所有の of にしても、実際には所有を表わす属格が必ずしも消滅したわけではないのに、of の使用は時代とともに拡大する。this man's が消えたので of this man が導入されたというイメージで捉えない方がよい。両者の関係は、むしろ競合関係に近い。
　また、格変化が衰退しても前置詞に置き換えられることなく、そのままになることも多い。all day のような表現は、前置詞をつけなくてもそのまま副詞的に用いることができる。これは、名詞の対格が副詞として機能することができたことに由来し、**副詞的対格**(**adverbial accusative**)と呼ばれている。同様の働きが属格にもあり、**副詞的属格**(**adverbial genitive**)と呼ばれてい

る。現代英語の needs は、その名残である。また、once では –ce の綴りに置き換えられたことで属格であることが見えにくくなっているが、これも副詞的属格に由来する。さらに、指示代名詞の章で取り上げた「the ＋ 比較級〜、the ＋ 比較級」の構文の the は、古英語 se の具格形 þȳ に由来する。この場合も何らかの前置詞を発達させてもよかったはずであるが、そうはならなかった。

・副詞 always の歴史について、辞書で調べてみよう。

4．名詞の所有格

現在では、所有の概念を表現するのに、属格(所有格)を使う場合と前置詞 of を使用する場合がある。前節で述べた this man's と of this man の対立はその例である。of はすでに古英語にも存在するが、多くは 'out of' に相当する意味で使用された。この of が本格的に所有関係を示すようになるのは、フランス語の de の影響を受けた中英語期からである。しばしば引用される Williams(1975) の以下のグラフは、中英語初期に of の使用が急速に拡大する様子を示している。

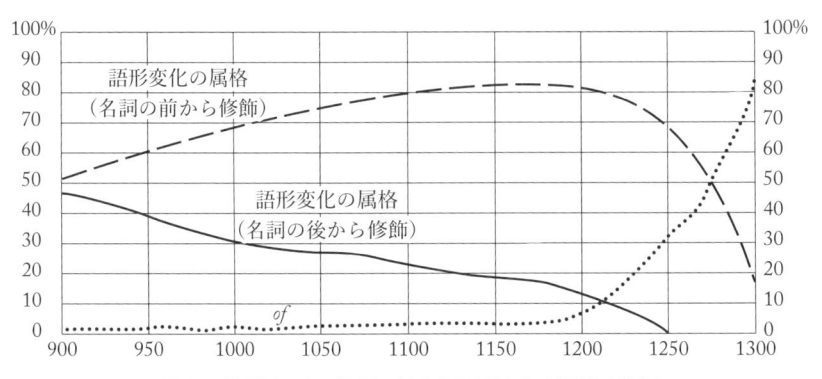

図6．前置詞 of の使用の拡大と語形変化の属格の衰退
(Williams 1975: 253 に日本語の説明を加筆)

現在では「もの」の場合には of を使うという感覚が定着しているが、興味深いのは、最近になって、格変化を利用した所有表現がふたたび拡がりつつあることである。ジャーナリズムなどで頻繁に用いられる today's newspaper のような、所有格による表現がそうである。すでにみたように、–'s はもともと属格に由来する語尾であり、本来はアポストロフィーもない。しかし、次第に語尾だという感覚が薄れ、形の上でも近代英語後期にはアポストロフィーの使用が一般化していく。語尾であるという意識が消えたために、前置詞とも似ていて使いやすいというような感覚が、今日また拡がってきているのかもしれない。

　–s が格変化の語尾だという感覚が薄れていく様子は、すでに中英語でも観察できる。たとえば、**群属格**(**group genitive**)と呼ばれる現象は、それを示すものであるといえる。群属格とは、the author of this book's idea のような用法をいう。この場合の –s は、名詞句全体にかかっており、[the author of this book]'s idea のような論理関係になっている。–s は語尾であるから、本来ならば単語のレベルを超えてはいけないはずである。群属格は格変化の概念が薄れてきた初期近代英語では定着した表現方法となり、現代英語でも比較的頻繁に見られる。

　また、いわゆる **his 属格**(*his*-genitive)も、所有の概念を表わす分析的な方法の一例とみることもできる。Christ's birth というように属格語尾を用いる代わりに、his を使って Christ his birth のように表わす方法で、her, their なども用いられたが his がもっとも頻繁であった。用例は古英語期から見られるが、中英語の終わりから 18 世紀にかけて頻度が高くなる。その後はどんどん減少するが、*The Oxford English Dictionary* では、19 世紀半ばの例もあがっている。前述の –s が属格語尾であるという感覚が薄れる時期と his 属格の拡大が重なるのは興味深い事実である。ただし、his 属格は歴史的に生き残るほど有効な表現方法ではなかった。固有名詞とともに起こりやすいなど、生起する環境にも偏りがあり、–'s や of に比べて汎用性に欠けていたということもできる。

第 8 章　語形変化の衰退がもたらしたもの　63

　ちなみに、14 世紀の *The Canterbury Tales* には、Heere endeth the Wyf of Bathe hir Prologe（文字通りは、Here ends the wife of Bath her prologue）という文がある。her を使用した his 属格であり、しかも属格が the wife of Bath 全体にかかっている興味深い例である。

・today's newspaper のように事物に所有格を用いた表現を、実際に集めてみよう。

第 9 章　主節と従属節

　前章では、名詞や代名詞のようないわゆる「語」のレベルでの変化が、語順のような「文」のレベルの変化にも関連していることについて述べた。本章では、**文(sentence)** とそれを構成する**節(clause)** に焦点をあてることにする。語順は、ここでも重要なテーマの一つとなる。節のタイプと語順の関係、節と節をつなぐ方法などを観察する。

　　・辞書を引いて、節(clause)の定義を確認しよう。

1. 並列構造から従属構造へ

　文は一つの節で構成されることもあるが、さまざまな節の組み合わせからなることも多い。複雑な文では、主節に従属する節が複数ついていることもある。文がどのような構成になるかは、いうまでもなく文の伝える内容と密接に関係している。それでも、英語の発達を歴史的に見た場合に、ある種の傾向が明らかになってくる。それは、古英語の時代には、文を接続詞なしで連続させたり(専門用語で**接続詞省略(asyndeton)** という現象)、接続詞を使う場合でも、**等位接続詞(coordinating conjunction)** の and や ac(今日の but

にあたる）を使って主節どうしをつないでいく**並列構造**（**parataxis**）が頻繁であったのに対して、時代が下るにつれて**従属接続詞**（**subordinating conjunction**）、たとえば when, because, while, as, before, if など、の使用頻度が増えてきたということである。従属接続詞を使って文をつないでいく構造を**従属構造**（**hypotaxis**）という。この場合に、従属接続詞の使用頻度が増えるばかりでなく、従属接続詞の種類も歴史的に増えていく。すなわち、多様な従属接続詞が使用されるようになる。

古英語の並列構造については、小川（1995: 29）が、*The Anglo-Saxon Chronicle* の早い時期の部分に、約 400 語の記述がほとんど and だけでつなげられている箇所があることを指摘している。文体上の問題もあるが、このような例は現代に近づくほど少なくなっていく。現代英語に近づくにつれて、文が従属節を使用した立体構造になっていくようである。

・現代英語でも、等位接続詞を多用する場合と従属接続詞を多用する場合がある。文体的にどのような違いを感じるであろうか。議論してみよう。

2. 古い英語文献を読むときの and と but

前節で、等位接続詞の and と but に言及したので、古い英語文献を読む際に、この二つの語についてどのような注意が必要であるかについて述べておきたい。まず and は古英語の時代から、節や語句を並列につないでいくときの基本的な接続詞である。現代英語でも同じであるので、並列につなぐという意味を理解するのは容易であろう。しかし、それ以外の用法もある。たとえば、and は条件を表わす従属節を導いて、if に相当する意味で使用されていることがある。この用法は、中英語にも見られるが、初期近代英語の文献に多い。以下の用例は、Shakespeare のものである（Ile は現代英語形では、I'll）。

Nay, and you will not sir, Ile take my heeles.（*The Comedy of Errors*）

ここでは、you will not sir は、and に導かれた条件節である。

つぎに、現在では逆接の接続詞として確立している but についてである。実は、古英語では逆接の機能をもった等位接続詞は、ac であった。それでは but は使用されていなかったかというとそうではなく、使用されていたが別の機能を担っていた。基本的には、「除外」を表わす働きがあり、前置詞として使用する場合には except や without に相当する意味で、接続詞なら unless にあたる意味で用いられた。この用法は、中英語になってからも頻繁に観察することができ、現代英語でも but が「除外」の機能で使われることがある。慣用的な表現として使用される cannot but（「～せざるをえない」の意）の but もこの用法である。

この種の but は否定文中で起こることも多い。Chaucer が好んで用いた表現に、I nam but deed というのがある。文字通り現代英語に置き換えると、I am not but dead（nam は ne + am であり、am not に相当する）となる。この場合の but は「除外」を表わす機能をもっているので、文全体としては、dead であること以外を否定することになる。結局、dead そのものであるということ、すなわち dead であることを強調した表現となる。このように but は否定との組み合わせで、しばしば強意を表わす表現として使用されたが、興味深いことに、中英語後期からは、否定文中でなくても but だけで強調の意味をもつようになっていく。*The Oxford English Dictionary* にも he nis but a child（nis は現代英語の is not に相当）が he is but a child に変化していくという記述がある。また、以下の Chaucer の例でも、すでに but に否定の意味が乗り移って、否定文中でなくても but が単独で強調を表わすことが可能になっている様子がわかる。（文字通りは、Then saw I but a large field.）

Then sawgh I but a large feld（*The House of Fame*）

この強調の but(副詞用法)は、現代英語にも継承されている。

一方、逆接の接続詞の ac については、ah, ach, oc のように形を変えて中英語にも継承されるが、次第に今日の逆接の接続詞 but に置き換えられていく。すでに中英語では、逆接接続詞としての but もよく見かけるようになっており、やがて ac は衰退する。*The Oxford English Dictionary* の ac の項目での最終例は、1535 年のものである。

- 現代英語の but のさまざまな用法について、辞書で確認してみよう。またそれぞれの用法について、*The Oxford English Dictionary* を使って歴史的な変遷を調べてみよう。

3. 主節と従属節の語順

すでに、古英語では現代英語よりも等位的な関係で節をつなぐことが多いと述べた。しかし、古英語にも従属節は存在する。興味深いのは、古英語では、主節と従属節が異なる語順を示すことが多かった点である。主節の語順は、現代英語と同じように、「主語＋動詞＋目的語(等)」となることが多かった。(ただし、文頭に副詞がくる場合には主語と動詞が倒置を起こす傾向がある。)一方、従属節では「主語＋目的語(等)＋動詞」のように節の末尾に動詞がくる語順が頻繁に見られる。日本語では、「人々の意見が政治を動かした」というように末尾に動詞がくるが、古英語の従属節の語順はこれと同じである。次第に従属節でも「主語＋動詞＋目的語(等)」の語順に変わっていくことになるものの、中英語でも一部にこの古い語順が残っている。

具体的な例を見てみよう。以下の文は、中英語初めの *Peterborough Chronicle* からの引用である。

Þa þe king Stephne to Englalande com, þa macod he his gadering æt Oxeneford...

現代英語に同じ語順のまま置き換えると、When the king Stephen to England came, then made he his gathering at Oxford となる。コンマまでが従属節、後半が主節である。従属接続詞 þa('when' の意)に導かれた従属節内の動詞 com('came' の意)は、節の最後に位置している。ちなみに、後半の最初にも þa があるが、こちらは 'then' の意味の副詞の機能を果たしている。(þa が接続詞として 'when' の意味で使用されたり、副詞として 'then' の意味で使用されたりする点については、第7章も参照。)

以上のような従属節内で動詞を末尾に置く語順は、時代が下るにつれて頻度が減り、中英語までは見られるものの、その後はまれになる。このような語順の変化については、英語の本来の語順は動詞を節の末尾に置くものであり、これがまず主節で、次に従属節で、徐々に変化し、現在のような「主語＋動詞＋目的語(等)」の語順になったという見方が有力とされている。この見方が正しいとすれば、古英語は「主語＋目的語(等)＋動詞」から「主語＋動詞＋目的語(等)」への変化の中途の段階にあるということができる。語順の変化は、言語の体系そのものに影響を及ぼす。すなわち、動詞や目的語の位置以外にも影響は及んだ。たとえば、「アルフレッド王」という場合に、動詞を末尾に置く日本語では、固有名詞「アルフレッド」のあとに「王」をつける。日本語と同じ語順の特徴を残していた古英語でも、Alfred King が見られる。しかし、基本語順が変化したあとの現代英語では、逆順の King Alfred になった。

・世界の言語にはどのような語順があるのか調べてみよう。動詞を主語の直後にもってくる言語(たとえば現代英語)と節の末尾にもってくる言語(たとえば日本語)では、いくつかの異なる特徴があることが知られている。この点について、さらに調べて議論してみよう。

4. 接続詞の発達

　節をつなぐ接続詞には、古英語の時代から継続的に使用されているものもあれば、歴史的発達の過程で生産されてきたものもある。後者の具体例をいくつか見てみることにしよう。たとえば、接続詞の while はその一例である。古英語の while (古英語形は hwīl) は、「時間」という意味の名詞であった。この用法は現在でも残っており、たとえば for a while のような表現に見られる。このごく普通の名詞が、徐々に接続詞の while に発達した。興味深いのは、接続詞としての用法が確立するにつれて「時間」という具体的な意味が抽象化してくることである。今日では、必ずしも時間の概念が含まれていない「対比」や「譲歩」を表わす場合にも、while を使うことが可能となっている。

　また、前置詞と名詞の組み合わせから発達した接続詞としては、because をあげることができる。前置詞 by にフランス語から借りてきた名詞 cause がついて、徐々に接続詞として発達したものである (その過程で、フランス語の「前置詞 + cause」の影響を受けたといわれている)。Chaucer にはまだ、by cause that he deemeth to have victorie ("The Tale of Melibee") のように by と cause が分離した形が見られる。ちなみに by cause のあとの接続詞 that は意味機能を担っていないので**虚辞の that** (**expletive *that***) と呼ばれている。

> ・前置詞の中にも興味深い発達過程をもつものがある。concerning, during, regarding, saving などの歴史について調べてみよう。

第 10 章　動詞の発達

　動詞についても、語尾の衰退や単純化が進んだり、類推によって特定のパターンに引きつけられるというのが、全体的な歴史の流れである。ただし、個別に見ると古い体系がよく残っている領域とそうでない領域がある。たとえば、不規則変化動詞の活用には古い体系が比較的よく残っているが、**仮定法**(**subjunctive**)は今日では、一部の例外を除いてほぼ完全になくなりつつある。三人称単数現在の –s に代表される直説法現在の人称を表わす語尾についても、三人称単数以外では、著しい衰退が起こった。本章では、いくつかの異なる側面から動詞のたどった歴史を観察してみることにする。

1. 不規則変化動詞

　不規則変化動詞というのは、便利な分類法である。現代英語についていう場合には、–(e)d をつけずに過去形・過去分詞形を作る動詞をまとめて、このカテゴリーに入れればよい。しかし、英語の歴史を学んだあとにこの分類法を見ると、「不規則」という表現に、少し抵抗を覚える。現代英語でこのカテゴリーに入っている動詞には、たしかに、本当の意味で「不規則なこと」が起こってしまったものもあるが、一方で、「規則的に」母音を変化さ

せること、すなわち**母音交替**(gradation)で過去形・過去分詞形を作ったものも多いからである。母音交替のことを**アブラウト**(**Ablaut**)と呼ぶこともある。

　本当の意味で不規則な動詞とは、たとえば go のような動詞である。過去形に異色の went という形が紛れ込んでいる。この went は、意味が類似した wend という異なる動詞の過去形である。もともと go は、古英語の時代から奇妙な動詞であった。当時の過去形は ēode であるが、これも異なる動詞からの借り物である。ちょうど借用期間が終わりに近づいたので、またほかの過去形で適当なものを探してきたという感じである。ēode は、中英語の終わり頃にはほとんど使用されなくなった。このほかにも go と類似のケース(起源の異なる語が混ざっている例)として、be 動詞をあげることができるが、be 動詞については、第 12 章で解説することにする。

　以上のように、本当に不規則な動詞もある。しかし、今日私たちが不規則変化動詞と呼んでいるものの多くは、実は、古英語の時代に「規則的に」母音を変化させることで過去形・過去分詞形を作った動詞である。古英語では今日の –(e)d にあたる語尾をつけることによって過去形・過去分詞形を作った動詞を**弱変化動詞**(**weak verb**)と呼び、この弱変化動詞の存在はゲルマン語を特徴づけるものである。一方、母音の音質を変えることで過去形・過去分詞形を作った動詞を**強変化動詞**(**strong verb**)と呼ぶ。古英語の強変化動詞には、7 種類のタイプがあった。現在でも、その多くが –(e)d をつけない動詞として残っている。

　ただし、古英語の強変化動詞は過去形の単数と複数とでは異なる音を示していたが、現在ではその区別はなくなった。辞書の shrink の見出しで過去形を調べると、shrank と shrunk の二つがあげられているのは、その名残である。shrank は過去単数形に、shrunk は過去複数形に由来する。名詞の与格と対格が融合したのと同様で、通常は過去単数の母音か過去複数の母音かの一方が残って統合された。しかし、いまだに決着がついていないものも少数ながらあり、shrink はその一例である。

また、強変化動詞と弱変化動詞の関係も興味深い。今日、弱変化動詞が規則変化動詞と呼ばれていることからもわかるように、–(e)d をつけることによって過去形・過去分詞形を作るのが一般的だと考えられるようになり、その方向に引き寄せられる現象が歴史的に観察できる。このため、以前は強変化動詞であったのに、現在では –(e)d をつけるようになってしまった動詞も多い。これは、類推の働きによるものである。たとえば help の過去形は現在では helped である。古英語の helpan（現代英語の help）は強変化動詞であり、過去単数形が healp、過去複数形が hulpon、過去分詞形が holpen であった。弱変化動詞に合流することなく発達していれば、不規則変化動詞になっていたはずである。逆に、少数ながら、本来は –(e)d をつけていたものが、強変化動詞のパターンに引きずられたり、引きずられる傾向を示すこともある。たとえば、thrive の過去形には、本来の thrived のほかに、throve という形も見られる。throve は、drive などからの類推によって新たに作られた形である。

- 古英語の入門書を使って、古英語の強変化動詞のパターンを調べてみよう。また、上に述べた以外にも動詞の過去形に揺れが見られるものがあるか、話し合ってみよう。たとえば、write の過去形はどうであろうか。

2. 仮定法の衰退

　一方、語尾の脱落が体系そのものを衰退させてしまったのが、仮定法のケースである。ほかのヨーロッパ言語、たとえばフランス語やドイツ語を学んだ経験のある人は、非現実の世界を語る接続法のところで、急に学習の敷居が高くなったと感じたかもしれない。実は、英語にも同じようなものが存在した。英語では、仮定法という用語を使用することが多い。仮定法は、現代英語でも一部に見られるように、if に導かれた条件節などで典型的に使用

されたが、古英語での使用範囲は広く、様々な従属節内の動詞の形態としても利用された。また、主節でも動詞を仮定法の形に変えるだけで、祈願や命令の意味を表わすことができるなど、仮定法にはさまざまな機能があった。

　問題は、古英語の仮定法の語尾が、単数では –e、複数では –en であったことである。たとえば、singan（現代英語の sing）の仮定法現在は singe と singen、仮定法過去は sunge と sungen であった。すでに名詞のところで見たように、–e(n) という語尾はきわめて脱落の可能性の高い語尾である。まず、–en の場合には n の音が落ちて –e になる。そして –e は、もはや消失の前夜ともいえる状態である。中英語までは仮定法の体系が維持されていたものの、初期近代英語期以降には徐々に磨耗がはげしくなり、体系の維持そのものが危険にさらされていく。仮定法の代わりに助動詞の should や would などを使う用法が拡大するのも、仮定法語尾の衰退現象をもう一つの側面から説明したものと考えてよい。

　このようにして近代英語後期にはほとんど機能不全に陥ってしまった仮定法の名残は、今日では、ある種の決まった表現形式の中に残されている。たとえば、学校文法の中で It is necessary that... の that 節中では、「動詞の原形を用いたり、should を用いたりする」と聞かされたことがあるかもしれない。もし動詞の原形という説明であったなら、これは、本当は仮定法である。「原形」という名称も先ほどの「不規則変化動詞」と同じで便利な名称ではあるが、以上の歴史を考えたときには、はたと立ち止まってしまうタイプのものである。

・It is necessary that... のような表現のほかにも、仮定法が残されていると思われるものを、現代英語の中から探してみよう。

3. 直説法現在の語尾

　直説法現在（**indicative present**）の語尾で今日まで残っているのは、基本的

に三人称単数の –s ぐらいである。(厳密には、やや古風な英語で主語に thou を使うときにも、語尾が残っている。)もともとは、一人称にも二人称にも複数にも、直説法現在の語尾があった。語尾がつぎつぎと衰退する中で、三人称単数の –s だけは、確たる市民権を得て今日に至っている。今では –s 語尾が、英語ができるかどうかの指標に使われることもある。たとえば、「三人称単数現在の –s も落としてしまうほど英語ができない」というように。一方、英語の力がある人の場合には、逆の意味になることもある。「書いた英語を母語話者に見てもらったところ、三人称単数の –s のつけ忘れを一つ指摘されただけだった」というのは、英語がほぼ完璧だという意味に取ることができなくもない。

　これほど絶対的な権威をもつ三人称単数現在の –s が標準英語で定着するのは、近代英語期以降である。すでに古英語期に生じた –(e)s 語尾は、当初は主にイギリス北部の形式であった。ロンドンをはじめ、南の広範囲で使用されていたのは、–(e)th 語尾である。たとえば、北部の likes は南部では liketh となる。現在でも、ときどき朗読に使われる欽定英訳聖書(1611)では –(e)th 語尾が使われている。中英語の後期以降に、北部からロンドン地区への移住が増加し、ロンドンの英語における北部の影響が顕著になってくる。この流れの中で、–(e)s 語尾と –(e)th 語尾が競合するようになり、最終的には北部出身の –(e)s が生き残った。初期近代英語期に少しずつ –(e)s 語尾の拡大が進み今日に至っているが、hath や doth などでは、比較的遅くまで –(e)th 語尾を観察することができた。図

図7.　三人称単数現在の –(e)th 語尾
(McIntosh, et al. 1986, I: 466)

7 に、*A Linguistic Atlas of Late Mediaeval English* より関連の地図を示した。この中英語後期の方言地図では、濃い黒点が –(e)th 語尾の分布を示している。(薄い灰色の点は –(e)th が観察されなかったことを示す点であるので、無視してよい。)まだ南部の文献に –(e)th 語尾が使用されている様子がわかる。

一方、動詞の現在形複数の語尾についても、中英語期の方言分布を見る必要がある。複数の語尾は、北部では –es、中部では –en、南部では –eth であった。そして、これらの語尾が競合する中で、英語はもっとも脱落の危険性をはらんでいる –en を採用していく。すでにほかの場面でみたように、–en は容易に n を脱落させ、–e になるともう語尾の消失間近である。ついに英語の直説法現在の複数語尾は消失し、今日に至った。今日の they come to Hawaii every winter というときの come は初めから語尾がないのではなく、–en 語尾が脱落した結果である。

最後に、上記以外の人称について見ておこう。一人称単数(すなわち主語が I のとき)の動詞の語尾は、古英語で –e である。これが衰退の道をたどるのは明らかである。二人称では、thou(単数)の場合に –(e)st がつく。この語尾は厳密にいえば、今日でもまだ衰退してはいない。しかし、人称代名詞の thou 自体が you(本来は複数)に圧倒されて、風前の灯である。(thou と you の関係については、第 6 章を参照。)

- 欽定英訳聖書を使って、三人称単数現在の語尾を確認してみよう。そのほかの初期近代英語の文献では、直説法現在の語尾はどうなっているだろうか。調査してみよう。
- 現代英語の方言の中には、三人称単数以外でも動詞に –s 語尾をつけるものがある。この点について、調べてみよう。

第 11 章　非人称動詞と過去現在動詞

　本章では、少し変わった二つのタイプの動詞を取り上げる。前半で扱うのは非人称動詞、後半で扱うのは過去現在動詞である。両者は別物であるので、関連性を意識する必要はない。ただし、この二つのタイプの動詞には、共通点もある。どちらも中英語の終わりから初期近代英語にかけて性質が大きく変化し、非人称動詞はほかの一般的な動詞と合流して、普通の構文を取るようになった。あるいは衰退した。他方、過去現在動詞と呼ばれる一連の動詞の多くは、この時期に**法助動詞**(**modal auxiliary**)としての発達を遂げることになる。以下では、少し変わったこの二つのタイプの動詞の歴史的な変化を観察する。

・辞書、文法書、英語学辞典などを使って、法助動詞(modal auxiliary)とはどのような助動詞のことをいうのか確認してみよう。

1. 非人称動詞

　非人称動詞(**impersonal verb**)とは主語を必要としない動詞で、広い意味では自然現象を表わす rain なども含む。しかし、ここで扱いたいのは、意味

上の主語である人を与格または対格の形で示すという独特の構文、すなわち**非人称構文(impersonal construction)**を取る一連の動詞である。このような構文は、古英語・中英語では、人の感情や判断にかかわる意味の動詞の場合によく使われた。また、「夢を見る」という意味の動詞の場合にも非人称構文を使うことがあった。think は代表的な非人称動詞で、現代英語ならば「考える」主体となる人を主格で表わして I think that... のようにするが、古英語や中英語では、me thinks that... というように非人称構文を作った。動詞の語尾は三人称単数形になる。

　このような非人称構文は、ごく少数を除いて、中英語の終わり頃までにつぎつぎに衰退していく。すでに中英語では、同じ動詞が、非人称構文で使用される場合とそうでない場合が同時に観察できる。たとえば、以下の Chaucer の例を見ると、「夢をみる」という動詞が、最初の例では非人称構文を作り、二つ目の例では一般の構文を作っている。(mette のところが動詞で、最初の例では夢をみる人が me、あとの例では I となっていることに注目。そのほかの部分は、ここでは無視してよい。)

　　But as I slepte, me mette I was
　　Withyn a temple ymad of glas （*House of Fame*）

　　And in my slep I mette, as that I lay （*Parliament of Fowls*）

　こうして、非人称動詞はしだいに普通に主語を取る動詞に合流していくが、その背景で語順の確立が関与しているという見方もある。非人称構文では、me thinks that... のように人を表わす表現がしばしば動詞に先行する。このため、動詞の前に主語がくるという感覚が歴史的に確立してくると、これを主格に置き換える動機づけにもなるであろう。上にあげた例の場合なら、me が主格の I に置き換えられることになる。

　ただし、現在でも非人称構文の名残は少なくない。たとえば、現代英語の

if you please はその例である。you は please の主語のように見えるが、実際には与格であり、please は仮定法になっているのである。そういわれてみれば、please という動詞は、I please... のような構文ではなく I am pleased のような形で使用され、現代英語の辞書でも「喜ばせる」という訳語が与えられている。非人称構文が衰退して行く過程で、think の場合は単純に与格を主格に置き換えて、me thinks を I think に移行させたが、please の発達は少し異なっていたともいえる。もっとも think については、今でも慣用的な表現で methinks が残っている。現在では辞書でも一語として表記されているが、me の部分は、本来は人称代名詞の与格であり、thinks の部分は非人称動詞 think の三人称単数形である。

・英語学辞典を使って、非人称動詞または非人称構文について調べてみよう。どのような動詞が非人称動詞であったかについても確認してみよう。

2. 過去現在動詞

　過去現在動詞（**preterite-present verb**）とは奇妙な名称であるが、「本来の過去形を現在形として使用し、過去形を新たに作った動詞」のことをいう。すでに古英語の段階で、新たに作った過去形とともに使用されている。具体的には、たとえば現代英語の shall にあたる古英語 sceal（古英語では義務を表わす本動詞）は、過去現在動詞である。その直説法の活用を以下に示す。

	直説法現在	直説法過去
一・三人称単数	sceal	sc(e)olde
二人称単数	scealt	sc(e)oldest
複数	sculon	sc(e)oldon

直説法現在のところに並んでいる形態は、本来は強変化動詞の過去形であるために、三人称単数のところにも現在の –s にあたる語尾がついていない。古英語ではすでに現在形として使用されており、「現在の義務」を表わしている。一方、上の表の「直説法過去」のところに並んでいる sc(e)olde / sc(e)oldest / sc(e)oldon は、弱変化の過去形の語尾を追加して新たに作った過去形である。

　現代英語で法助動詞と呼ばれているものの多くが、実は古英語の過去現在動詞に由来する。shall に加えて、may, can, must も過去現在動詞から発達した法助動詞である。また、現代英語の ought を過去形にもつ āgan（古英語では「所有する」という意の本動詞）や現代英語の dare に相当する動詞も、やはり過去現在動詞である。一方、過去現在動詞がすべて法助動詞への発展を遂げたとはいえない。「知っている」という意味の動詞 witan も本来は過去現在動詞であったが、これは本動詞のままであり、また今日ではほとんど使われなくなった。さらに、すべての法助動詞が過去現在動詞に由来するわけでもない。現代英語の法助動詞 will は、古英語の不規則動詞 willan からの発達であり、過去現在動詞ではない。

　このような過去現在動詞を見ていると、「歴史は繰り返す」という性質があるのではないかと思う。たとえば現代英語で、should や might は過去の場面ではなく、現在の場面で使用することが多い。新たに生じた過去形も、また現在の意味で使用されているのである。事実、過去現在動詞の新たに生じた過去形が、すでに現在形になってしまっているものもある。現代英語の must と ought がそうである。どちらも古英語では、過去現在動詞の新たに生じた過去形（過去形の空席を埋めるために作られた過去形）であった。これをふたたび現在形として使用する用法が確立するのは、中英語の終わり頃である。両者には、ふたたび過去形のところに空席が生じている。

・古英語の入門書または英語史関係の参考書を使って、shall 以外の過去現在動詞について、活用を確かめてみよう。

3. 法助動詞の発達

すでに述べたように、現代英語の法助動詞のうち shall, may, can, must は過去現在動詞に由来するが、will はそうではない。ただし、will も別な意味で変則的な語形変化をしていたことが、以下に示した古英語の willan(現代英語の will に相当)の直説法の変化表からわかる。

	直説法現在	直説法過去
一人称単数	wille	wolde
二人称単数	wilt	woldest
三人称単数	wil(l)e	wolde
複数	willaþ	woldon

さらに形態の面で興味深いのは、現代英語の will の否定形として使用される won't である。中英語に入ると直説法現在の語幹の母音に u や o が使用される wul(l), wol(l) なども見られるようになり、この wol(l) をもとにして won't が生じた。そして、wol(l) そのものは、おそらく過去形の語幹母音が現在形に紛れ込んだものであろう。

形態以外の点でも、法助動詞の発達には興味深い事実が多い。そもそも法助動詞という範疇が確立してくるのが中英語の後半から初期近代英語にかけてであり、それ以前は一連の動詞は、本動詞としての性質も備えていた。たとえば、shall は「義務」を表わす普通の動詞であり、will も「意志」を表わす普通の動詞であった。同様に、can も中英語までは、「知っている」という意味の動詞として使用されている。未来を表わす助動詞の shall と will が現在でも完全に無色透明な単純未来を表わしているとは限らない場面があるのには、このような歴史的背景が関係している。ちなみに未来を表わす shall と will が未発達の段階では、動詞の現在形によって未来を表わすことも普通であった。

用法としては、すでに古英語・中英語期においても will, shall, may, can, must は原形不定詞を伴うことが多かったが、本動詞としての性質を反映して、原形不定詞以外のものを従えることも可能であった。たとえば Caxton の *Paris and Vienne* には I wold not that ye shold haue by me ony dysplaysyr nor harme（文字通りは、I would not that you should have by me any displeasure or harm）という文がある。この場合の wold（現代英語の would に相当）は、あとに原形不定詞ではなく that 節を従えている。will がまだ完全に法助動詞として確立していないことの証左である。また、同じく Chaucer の *The House of Fame* の I can not of that faculte（文字通りは I cannot of that faculty で、「私にはその能力があるかどうかわからない」の意）でも can のあとに原形不定詞以外のものがきている。

　法助動詞の発達時期は仮定法の衰退の時期とも重なり、新たに発達した法助動詞は仮定法が果たしていた役割も担うようになった。現代英語で仮定の意味を伝えるのに should や would を使う用法はその一例であり、また祈願文でも仮定法に代わって may を使用するようになった。

・上記のほかにも仮定法が法助動詞に置き換えられたと考えられる用法を探してみよう。たとえば、動詞 insist の構文を調べてみよう。

第 12 章　be と have および分詞

　be と have も、ほかの動詞とは異なる性質をもっている。進行形や完了形を作るときには、助動詞(auxiliary)としての特徴を示すが、一方で、be は単独でも「存在」を表わす動詞として、あるいは主語とその補語を結ぶ動詞として使用できる。また、have も所有を表わす意味で使うときには、本動詞である。本章では、この二つの動詞を取り上げ、歴史的にその機能が拡張していく様子を観察する。同時に、進行形のところでは現在分詞にも、受動態・完了形のところでは過去分詞にも言及する。

1. be 動詞の発達

　現代英語では be も have も不規則変化動詞である。しかし、have の過去形 had が d 音で終わっていることに注目し、動詞の章(第 10 章)で述べた古英語の弱変化動詞を思い出して欲しい。古英語の have は弱変化動詞であり、その過去形 had の d 音は、規則変化動詞の –(e)d と基本的には同類のものである。一方の be 動詞は、古英語の時代から、かなり変則的な変化をした。以下の表は、古英語の be 動詞の直説法の変化を示している。

		直説法現在		直説法過去
単数	一人称	eom	bēo	wæs
	二人称	eart	bist	wǣre
	三人称	is	biþ	wæs
複数		sind(on)	bēoþ	wǣron

　母音で始まるもの、b 音で始まるもの、w 音で始まるものなどが入り混じっているのは、もともと異なる三つの系列から成り立っているからである。たとえば、w 音で始まる系列は 'remain' を意味する動詞に由来し、過去形を担当している。また現在形には、表が示すとおり、残りの二つの系列が形態を提供している。(ただし、現代英語の二人称現在形 are は、スカンディナヴィアからの借入語であり、sind(on) は消えた。)このうち b 音で始まる形態は、現在では、不定詞(be)と過去分詞(been)のみに現われるが、古英語では、直説法現在にも bēo, bist, biþ, bēoþ があった。b 音で始まるものは、どちらかといえば未来を表わす場合や不変の真理を表わす場合に使用される傾向があったという。また、今日でも b 音で始まる形態が普通に残っている方言もある。

　be 動詞を使う構文には、次節以降で扱う進行形と受動構文のほかに、存在文がある。現代英語の存在文では there を用いて、there is ..., there are ... 型になる。しかし、この構文は歴史的に徐々に確立してきたものである。中英語では、there を使う存在文も見かけるが、there を使わずに be 動詞だけで存在の意味を表わしている場合がしばしばある。たとえば、中英語初期の *The Owl and the Nightingale* の Vor nis no man witute sunne(文字通りは For is no man without sins)は、「罪を犯さない人はいない」の意味に近い。また、存在文を導びくものは there でなくてもよかった。there に比べれば数は少ないものの、it が用いられていることもある。

・be 動詞の二人称現在形 are の起源について *The Oxford English Dictionary* を使って調べてみよう。

2. 進行形の発達

　すでに古英語にも「be 動詞 + **現在分詞**(**present participle**)」は見られるが、頻度はきわめて低く、進行形の本格的な発達が観察できるのは、中英語の半ば以降である。まず北部で、そして中英語後期には、中部方言やロンドン方言にも拡がった。ただし、初期近代英語の Shakespeare で、今日なら進行形を使うような場面でもまだ普通の現在形が使用されていることが多いという事実からもわかるように、進行形の使用が本格的に確立していくのにはさらなる時間が必要となる。

　初期の進行形では、まだ現在分詞の語尾として –ende を使用していた。この語尾は中英語では方言的差異が明確で、北部では –and(e)、中部では –ende、南部では –inde という形で出現する。このような初期の進行形が、現在の be + –ing の構文に発達していく過程には、いくつかの影響関係があったと考えられる。まず、現在分詞の –and(e), –ende, –inde が –ing に変わっていく過程で影響したと思われるのが、動名詞の語尾 –ung, –ing である。おそらく現在分詞の語尾、特に –inde と動名詞語尾の –ing との間に混同が起こったのであろう。また、be + –ing と意味も形式もよく似た類似の構文 be on + –ing の影響があったともいわれている。この構文の –ing は、前置詞のあとであるから、本質的には動名詞である。しかし、前置詞の on がしだいに弱化して a となり、さらに a が脱落していく過程は、まさに進行形との合流の歴史であるともいえる。Beal (2004: 80) は、be a + –ing の構文が 18 世紀ではまだ文学作品でも見られることに言及し、*Pamela* から This girl is always a-scribbling という例をあげている。ただし一般には、この構文は近代英語の後期には少なくなり、今ではその使用は方言に限られている。

　進行形が確立するにつれて、さまざまな拡張も起こってくる。たとえば

have + been + –ing のような完了との組み合わせは比較的早くから見られるが、The house is being built のような受動進行形の発達は近代英語後期以降である。

最後に現代英語について述べておきたい。進行形に由来する be going to では、go の進行形であるという意識が失われつつあり、未来を表わす表現として will の領域を少しずつ侵食しているようである。また最近は、進行形の構文を取らないといわれてきた動詞の進行形も目立つようになってきている。want, love, know などの動詞の進行形もコンテクストによっては可能であり、文学作品等でこれらの動詞の進行形を探すのはそれほど難しいことではない。

- 初期近代英語の文学作品、たとえば Shakespeare を読み、現在ならば進行形を使用するような場面で単純な現在形が使われている例を探してみよう。
- 現代英語で、一般に進行形にできないといわれている動詞にはどのようなものがあるか、またそのような動詞を意図的に進行形にするとどのようなニュアンスが出るか、について議論してみよう。

3. 英語の受動態

受動の意味を表わす「be ＋過去分詞(past participle)」は、古英語期から存在する。ただし、この場合の過去分詞も、最初は形容詞のような役割を果たしていたと考えられており、それが次第に現在のような受動構文として確立していくことになる。

受動態の発達の歴史にも興味深い点が多い。まず、古英語では be 動詞以外にも weorþan という動詞が受動態を作るための助動詞として機能したので、「weorþan ＋過去分詞」が存在する。この動詞はもともと 'become' に相当する意味を持っていた。中英語にもこの構文が見られるが、すでに衰退傾

向を見せている。今日では weorþan を使った受動態は使用せず、かわりに become や get を過去分詞と組み合わせて、「〜されるようになる」という意味を表わすようになった。

　次に興味深いのが、受動態の動作主をどのような前置詞で導くか、である。すなわち、今日の「be＋過去分詞＋by〜」の by の部分にどの前置詞を使うかである。現在ではもっぱら by が使用される傾向があるが、古英語以来、長期にわたって使用されたのは from や of であり、中英語では特に of の頻度が高い。そのほかにも through, with など多様な前置詞が使用されている。下の例は Chaucer のもので、「アエネイスによって」の部分に through（例文中の綴りは thourgh）が使用されていることがわかる。(yshamed は 'shamed' の意で、過去分詞。)

　　　... Yshamed be thourgh Eneas（*The House of Fame*）

by の拡大は中英語の終わり頃からであり、近代英語期に入ってからもまだ of の使用は残っている。

　最後に、受動態の主語というやや複雑な問題を取り上げたい。現在では間接目的語を主語にして、He was given a guitar when he was six years old のような文を作ることができる。しかし、古英語で受動態の主語となるのは、直接目的語（すなわち対格の目的語）のみであった。しかし中英語になると、間接目的語（すなわち与格の目的語）を主語にした受動構文が使用されるようになり、近代英語以降にその頻度は増加する。英語は、歴史的に直接目的語を表わす対格と間接目的語を表わす与格の形態上の融合を経験するが、この融合も、新しい構文の発達を促した一つの要因であるといえるだろう。

4. 完了形の起源

　現在完了、過去完了に見られる完了形の構文としての正確な発達時期を特

定するのは容易ではない。しかしながら、起源は、ほぼ明らかになっている。すでに古英語の段階で、I have a letter written のような文が可能であった。この段階ではまだ完了形が構文として発達しているわけではないので、have が本来の「持つ」という意味(この場合は「手紙を持つ」)を保持しており、written は名詞 letter を説明する役割をもった過去分詞である。したがって、この場合の written は、形容詞と同じように説明すべき名詞(この場合は letter)の性・数・格に応じて語尾変化をもっていた。

つぎの段階では、have と過去分詞(この場合は written)がひとまとまり(have written というまとまり)であるとみなされるようになり、have がしだいに「持つ」という本来の意味を失っていく。また、語順の面でも have と過去分詞が連続するようになり、過去分詞も形容詞的な性質を失って語尾を脱落させていく。こうして、完了形は構文として徐々に発達する。Hogg (2002: 79) は、同一文中に「have + 過去分詞」が二つ存在し、そのうちの最初の過去分詞には語尾変化(名詞に対応した語尾変化)がなく、二つ目の過去分詞には語尾変化が残っている古英語の例を紹介している。完了形の発達段階を示すものとして興味深い。

完了形の発達の過程を考えると、最初は、「持つ」ことのできるものを目的語にした場合にのみ、完了構文が可能であったことが容易に理解できる。構文として確立するにしたがって、どのような目的語でも「have + 過去分詞」で完了を表わすことが可能になっていく。いったん構文として確立すると、さまざまな拡張形も可能になっていく。たとえば完了形と受動態の組み合わせは、近代英語の初め頃にはかなりの拡がりを見せるようになる。

以上のような完了形も、英語に十分浸透していくのには時間を要した。橋本 (2005: 156) は Shakespeare の *Henry IV* から引用した I did that I did not this seven year (ここでの that は現代英語の what に相当し、全体の意味は「この7年間にやれなかったことをやった」) に言及し、現代英語なら過去完了形を使う場面で過去形が使用されていると指摘している。

5. be か have か

　完了形の起源からもわかるように、本来は「持つ」ことのできるものとともに「have + 過去分詞」は使用された。したがって、「have + 過去分詞」は、本来は他動詞との相性がよい。一方、自動詞、特に往来を表わす動詞や状態の変化を表わす動詞は、「be 動詞 + 過去分詞」により、完了を表わした。この場合の過去分詞も、やはりもともとは完了の状態を表わす形容詞的な役割を果たしていたものと考えることができる。I am comen in your presence (comen は、come の過去分詞形) は Caxton の *Reynard the Fox* からの引用であるが、この「be + 自動詞の過去分詞」による完了形は、初期近代英語の Shakespeare にも多数見られ、また後期近代英語に入ってからも引き続き使用される。その間、徐々に「have + 過去分詞」による完了形が一般化し、「be + 過去分詞」は詩的な響きを帯びるようになっていく。今でも、詩や歌の中で、Spring has come の代わりに Spring is come という表現が使われることがある。同様に、動詞 go でも「be + gone」の構文を見かけることがある。

- 「be + gone」について、辞書の記述を確認してみよう。
- もしフランス語やドイツ語を学んだことのあるのであれば、それらの言語の完了形と英語の完了形を比較してみよう。

第 13 章　不定詞と動名詞

　前章では、be や have との関連で現在分詞・過去分詞を扱った。本章では、分詞と同じく時制をもたない動詞の形式として、不定詞と動名詞を扱う。不定詞も動名詞も古英語期から存在し、現在まで継続的に使用されている。ただし、その形態や性質は歴史的に変化してきた。また、使用頻度も変化してきた。具体的には、中英語の終わりから初期近代英語にかけて、that 節を従えていた多数の動詞が不定詞や動名詞を従える方向に変化してきたといえる。たとえば、forbid はその一つで、中英語では forbid that ... のような構文が可能であるが、現在では、「禁止する内容」は基本的に to 不定詞で表わす。一方、類似の意味をもつ動詞でも、prohibit の場合は that 節から動名詞(正確には from + –ing)に乗り換える選択をして現在に至っている。このように、不定詞も動名詞も、歴史的には使用頻度を拡大しながら発達してきているようである。

　・forbid が that 節を取る用法は、現代でも一部に残されている。どのような場合か、辞書を使って調べてみよう。

1. 不定詞の形態上の変化

　不定詞の発達については、形態上の変化も重要である。不定詞の現在の姿から、不定詞にも語尾があったという事実が忘れられがちである。まず、われわれが「原形不定詞」と呼んでいるものは、古英語では –an の語尾をもっていた。たとえば現代英語の set にあたる動詞の不定詞形は、古英語では settan である。この「原形不定詞」と呼ばれるものの形態上の歴史は、語尾が脱落して文字通り「裸」になっていく歴史である。名詞の語尾の脱落の場合と同じで、まず –an が –en に弱められる。そして、この語尾は –e という消失前夜の段階を経て、完全に失われてしまう。中英語を読んでいると、–en、–e、語尾なし、などさまざまな形態の不定詞が使用されているのがわかる。このような歴史を考えると、「原形不定詞」という用語の使用に躊躇を覚えることもある。

　一方、to 不定詞の場合も、形態的にはやはり語尾の脱落の歴史である。そもそも to は前置詞であり、この前置詞のあとに配置される動詞は与格形を取った。これが、いわゆる to 不定詞である。古英語の動詞の与格語尾は –enne であるので、動詞 settan の to 不定詞形は to settenne になる。この –enne も徐々に脱落し、現代英語では、語尾は消失してなくなっている。

　興味深いのは、時代を経るにしたがって、本来は前置詞であった to が動詞と密接に繋がっていると考えられるようになってきたことである。このため、中英語になる頃には、to 不定詞にさらに for という前置詞を追加した **for to 不定詞**（たとえば for to save のような形）が現われる。新たな前置詞をもう一度つけ直したのである。以下は、Caxton のテキストからの引用である。全文を理解する必要はないが、for to 不定詞が使用されていることを確認してみよう。

> and thys doughter was delyuerd vnto a noble lady <u>for to be nourysshed</u> wyth hyr（*Paris and Vienne*）

for to 不定詞は、中英語で一時は急速な拡がりを見せるものの、もともと前置詞を二つ抱えた無駄の多い形式である。さらに、歴史のいわば繰り返し現象により、しだいに for も前置詞というよりも不定詞の一部であると感じられるようになり、結果的に for を新たにつける意味が失われてくる。このため、一定の発展をとげたところで for to 不定詞は衰退に転じるようになり、中英語の終わり頃までには頻度がふたたび低くなる。for to 不定詞は、方言においては今日でも起こるが、歴史に耐えて現代英語に引き継がれているのは、余分ともいえる for のとれた to 不定詞である。

2. 原形不定詞か to 不定詞か

すでに述べたように「原形不定詞」という用語には問題もあるが、便利な用語であることと現代英文法で普通に使用される用語であるので、とりあえず to 不定詞に対するもう一つのタイプの不定詞を指し示すために、ここでは使用することにする。この二つのタイプの不定詞は、現在では、ほぼ明確な住み分けをしているようである。しかしながら、不定詞を使用する構文の歴史は、この住み分けを調整しながら、それぞれの領域を明確にし、整備していく歴史であるということもできる。

もちろん古英語・中英語でも、まったくきまぐれに原形不定詞を使用したり、to 不定詞を使用したりしていたというわけではない。たとえば、現在でいう法助動詞、たとえば may, can, must, shall, will のあとでは、当初より、原形不定詞がくる確率が極めて高かった。この不定詞の用法は、現代英語にまで継続している。これら一連の動詞は、中英語ではまだ本動詞としての特徴も兼ね備えていたが、法助動詞として独自の発達を遂げるための準備はすでに整っていたともいえる。

一方、揺れが安定するのに時間がかかり、今日の不定詞の用法とは異なる様相を呈していたものもある。たとえば、使役動詞の構文がそうである。現代英語の使役動詞 make は、能動態では原形不定詞、受動態では to 不定詞

を取る。しかし、以前は能動態でも to 不定詞を従えることがあり、その名残が今日でも、諺の Money makes the mare to go に見られる。それほど頻繁に使われる諺ではないが、to 不定詞が使役動詞のあとに使用される例として興味深い。

　実際に to 不定詞を使用するのか原形不定詞を使用するのかで揺れが見られる状況を、中英語の例で観察してみよう。以下は Chaucer からの引用である。

　　　　Of noo goddess that koude make
　　　　Men to slepe, ne for to wake　（*The Book of the Duchess*）

　　　　To make me slepe and have some reste　（*The Book of the Duchess*）

最初の例では、使役動詞 make が to slepe（現代英語に置き換えると to sleep）, for to wake（現代英語に置き換えると for to wake）というように to 不定詞と for to 不定詞を従えている（両者の間の ne は 'nor' の意）が、二つ目の例では、同じく使役の make が slepe（現代英語に置き換えると sleep）と have some reste（現代英語に置き換えると have some rest）というように原形不定詞を従えている。この揺れは、現代英語にかけて徐々に落ち着いていく。ちなみに、最初の例の koude は現代英語の could にあたる。現代英語の could には中英語の koude にない l が挿入されているが、これは should や would からの類推の結果であると考えられている。

　現在でも原形不定詞と to 不定詞との間の揺れは皆無ではない。たとえば、help のあとには、原形不定詞と to 不定詞のどちらを使うだろうか。例をあげると、to help him deal with his concerns と to help him to deal with his concerns の両方が可能であろう。一般に、アメリカ英語では原形不定詞、イギリス英語では to 不定詞が好まれるといわれるが、近年は、イギリス英語で原形不定詞が増える傾向も見られるようである。また、to 不定詞の to に

は方向を示す機能があるので、to 不定詞の方は実際の手助けよりも方向づけを感じさせるという見解が示されることもあるが、具体例を調査してみると、意味的な違いよりも地域的な要因の方が大きいようである。

・アメリカ英語またはイギリス英語のサンプルを集め、help のあとの不定詞がどちらになる傾向があるかを調べてみよう。また、辞書の記述はどうなっているだろうか。アメリカ系の辞書とイギリス系の辞書とで違いが見られるであろうか。議論してみよう。

3. 動名詞の発達

　文字通り、動詞の特徴と名詞の特徴を兼ね備えたものが**動名詞**(**gerund**)である。古英語では、動詞に –ing または –ung の語尾をつけて、抽象概念を表わす名詞を作った。これが、動名詞の起源である。したがって、もともとは動詞に由来する名詞であったと考えてよい。ところが、現在では、動名詞が目的語を従えたり、副詞を従えるなど、動詞的な性格を強めてきている。たとえば、freeware resources for studying speech sounds of English というときに、動名詞の studying は直接目的語として speech sounds を従えている。このほかにも、動名詞が受動態や完了形を作ることができるようになったのも、動詞的性格が強くなってきた証拠である。動名詞の歴史は、名詞的な性格から徐々に動詞的な性格を強める方向に移行してくる歴史である。

　一方、時代をさかのぼるほど、名詞的な性格の強い動名詞に遭遇する確率が高くなる。たとえば、以下の例は、Chaucer からの引用である。

　　thou shalt have the gretter knowing of thyn oune instrument
　　　　　　　　　　　　　　　　　　　　　(*Treatise on the Astrolabe*)

文字通り現代英語に置き換えると thou shalt have the greater knowing of thy

own instrument となり、動名詞は knowing の部分である。この knowing には定冠詞の the がついており、また形容詞の gretter(現代英語では greater)がついている。さらに直接目的語を取るのではなく、of thyn oune instrument というように of に導かれた前置詞句を従えている。いずれも名詞的な性格を示すものである。このような名詞的用法の動名詞が動詞的性格を強めていく歴史は、現在も進行中である。

　動名詞の意味上の主語をどのように表わすかも興味深い。学校では、所有格で表わす方法と目的格で表わす方法を習ったはずである。いうまでもなく、所有格で表わす場合の方が、動名詞の名詞的性格が強いことになる。意味上の主語が名詞の場合には、目的格を使う用法が近代英語に入るころから一般化してきているが、意味上の主語が代名詞の場合には、動名詞の動詞的性格が強まった現代英語でも、まだ所有格と目的格の間で揺れがみられる。一般に、たとえば his arriving と him arriving では所有格を使った his arriving の方が格式ばった英語で好まれると書かれている文法書もある。しかし、最近の英語の実態を観察してみると、格式ばった文体でも、目的格が相当に使用されているようである。

- 現代英語のサンプルを使って、動名詞を一定数取り出してみよう。名詞的な性格が強いものと動詞的な性格が強いものが、どのような割合で混ざっているだろうか。分析してみよう。
- 現代英語のサンプルを使って、動名詞の意味上の主語がどのように表わされているかを調査してみよう。

第 14 章　否定構文と助動詞 do の発達

　現代英語で否定文を作るときには、一般動詞なら助動詞 do を用いて do not say のようにし、そうでない場合、つまり be 動詞や助動詞の場合には、not をそのまま動詞のあとにつけて、... is not や ... will not のようにする。この区別を混同しないことは、「イロハのイ」のように考えられている。しかし、この区別が明確になってきたのは、do が助動詞として発達する初期近代英語以降のことである。それ以前は、一般動詞でも I say not のように、not をそのまま動詞に後続させた。He is not ... や I will not ... と、基本的に同じである。また興味深いことには、すでに第 11 章でも述べたように、will や can などが助動詞としての特徴を明確に備えてくるのも、中英語から初期近代英語にかけてである。そもそも中英語の終わり頃までは、say のような動詞と be や will や can が別のタイプの動詞であるという区分自体も、現代ほど大きな意味をもっていなかった可能性が高い。本章では、両者の違いを明確にする上で大きな役割の一つを果たした助動詞 do の発達と否定文全般を扱うことにする。

　　・I say not のような否定文は、18 〜 19 世紀の英文でも起こることがある。探してみよう。

1. 否定の副詞 ne から not へ

　英語の否定構文には、I say not よりもさらに古い段階がある。古英語では、動詞、たとえば say の前に否定の副詞 ne をつけることで否定文を作った。現代英語の綴りで示すと、**I ne say** のようになる。このような「ne ＋動詞」の否定構文の寿命は長く、古英語だけでなく、中英語を通して観察できる。ただし、同時に新しい構文も発達し、古英語の終わりには、すでに I ne say にさらに否定の副詞を追加した **I ne say not** のような否定文が見られる。否定の副詞の ne と not が共存している**二重否定**(**double negation**)の構文であるが、意味が打ち消されて肯定になることはない。むしろ、音声的に弱い ne を not が補う働きをしていたといってよい。この not は、現在でも一般的な否定の副詞として使用される not と同じものであるが、本来は nothing の意味であった。ちなみに、not が否定の副詞として定着してくると、もともと nothing の意であったという意識は薄れ、否定を強調する力も弱くなる。このため、初期近代英語では、否定を強めるために nothing そのものを用いる場合もある。Shakespeare から、We doubt it nothing (*Macbeth*) という例をあげておこう。

　ふたたび中英語にもどる。I ne say not の否定構文は、どうやら次なる段階、すなわち **I say not** への橋渡しをする構文であったらしい。英語史の教科書では、英語の否定構文は、I ne say ＞ I ne say not ＞ I say not のように発達すると書かれているものが多いが、実際にはこの三つの構文は中英語期を通して常に共存状態にあり、一つが衰退して次、というように順番に発達するものではない。また、I ne say not は、中英語後期になると急速に衰退する。このときに生き残ったのは、古くからあった I ne say と新しく生じた I say not である。I ne say not の方が I ne say よりも急速に衰えるという中抜けの状態になる。歴史的に古い構文である I ne say は、もともと否定を強調する not をともなっていないということもあり、中英語後期では、特に疑問文や if に導かれた条件節のように否定を強調する必要性があまり感じられな

い場面で使用される傾向も見られる。

　さらに、最近の英語史の教科書では、初期近代英語に特徴的な構文として、否定の副詞の not を動詞の前においた I not say の構文をあげているものが多い。しかし、not を動詞に先行させる I not say のような構文は古英語・中英語でも可能な上、初期近代英語でもきわめて例が少なく、かつ Shakespeare や Ben Jonson などの特定の作家の韻文で書かれたものに起こることがほとんどであるので、少し注意が必要である。

> ・フランス語を学んでいる人は、フランス語の ne ... pas と英語の否定構文の発達を比較してみよう。

2. 古英語・中英語の ne に注意

　前節で述べた古英語・中英語の I ne say や I ne say not の構文には ne という否定の副詞が使用されている。この ne には、注意すべき点がある。まず、次にくる動詞が母音や w や h で始まる場合に、しばしば**縮約形**（**contraction**）を生じた点である。たとえば、ne am は nam、ne will は nill のような形になることがある。このこと自体、ne の音声的な弱さを示しているともいえるので、否定の意味を補うために新たな否定語の not が導入されたという事実とも整合する。ne が縮約形を生じるかどうかには、さまざまな言語環境がかかわっているが、一般には古英語でも中英語でも、イングランドの北部よりも南部の方で縮約形が多く起こる傾向があるといわれている。すなわち、方言的な要因が強く働いているようである。

　また、古英語・中英語の ne にはもう一つ注意すべき点がある。それは、同じく ne という形態をもっている否定の接続詞と混同しないことである。ne には現代英語の nor にあたる否定の接続詞としての機能もあった。たとえば、以下は Chaucer の *Legend of Good Women* からの引用である。

> She feleth no thyng, neyther foul ne fayr.（*Legend of Good Women*）

ここでは、ne が neither（ここでの綴りは neyther）とともに使われて、現代英語の nor に相当する機能を果たしている。全体の意味は理解できなくても良いが、neyther foul ne fayr の部分が neither ... nor の構文になっているということを意識してみよう。そのまま現代英語に置き換えると、neither foul nor fair である。

3. 古英語・中英語に特徴的な多重否定

すでに、古英語・中英語では I ne say not のように、一つの文中に打ち消し合うことのない否定語が二つ生じることがあると述べた。実はこの現象は、ne と not の組み合わせに限るものではなく、never, nothing などを使った場合にも起こる。また、否定語の数も二つとは限らず、ときには十数個も起こることがある。時代的にも、この現象は、古英語・中英語に限らず初期近代英語に入ってからも観察でき、また現代英語でも口語や方言を含めて観察すれば、完全になくなっているとはいえない。以下には、Beal & Corrigan (2005: 147) から英国ニューカッスル地方の現代英語の例をあげた。一つの文中に never と no が同時に起こっている。

> They said I was too clever, they went and jumped us two classes, and I was never no good after that.

このように一文中に否定語が複数回起こっても否定が打ち消されない現象を**多重否定**(**multiple negation**)という。また、否定語が二つの場合を二重否定、三つの場合を**三重否定**(**triple negation**)というように呼び分けることもある。多重否定は、特に古英語・中英語ではごく普通に見られるが、すべての事例で否定の強調が感じられるかというと必ずしもそうではない。（ただ

し、明らかに否定が強調されていると思われる場合もある。)

　このような多重否定は、中英語の終わり頃までには急速に衰退する。初期近代英語に入ってからも、文献の中に現象そのものを探すのは比較的容易であるが、頻度は明らかに減少する。18世紀の**規範文法家**(**prescriptive grammarian**)が多重否定を厳しく非難したことから、多重否定の衰退は後期近代英語に入ってからであるという記述もこれまでには多く見られたが、実際にはこの時期には、多重否定の衰退はすでに相当進んでいた。

・現代英語では、どのような場面で多重否定が見られるだろうか。また、現代英語の文学作品を使って、多重否定の例を探してみよう。
・18世紀の規範文法家にはどのような人たちがいたかを調べてみよう。

4. 助動詞 do の発達

　助動詞 do の本格的な発達が始まるのは、中英語の終わり頃からである。もともと英語に存在していた「〜させる」という使役の意味の do に由来するのではないかといわれているが、正確な起源については不明な点もある。法助動詞、たとえば will や can の発達時期とも重なるので、広い意味での助動詞の拡大を示すものであると考えることもできる。現代英語では、do を普通に使用するのは疑問文や否定文を作るときであり、肯定文での使用は強調の意味をともなう。しかしながら、助動詞 do の発達の初期段階では、強調をともなわない肯定文でも do が使用された。特に韻文では、韻律の調整のための便利な道具として一時期 do が使用された。また、橋本(2005: 168)では、強調でない do が1611年の欽定英訳聖書にしばしば起こることが指摘されている。しかし肯定文中の強調をともなわない do は、最終的には衰退してしまう。

　一方、疑問文と否定文では、助動詞 do の使用は時代を下るごとに拡大する。また、この二つを比べると、常に疑問文中の do の発達が先行し、否定

文中の do はこれにやや遅れながら発達したようである。今日では、疑問文・否定文での助動詞 do はほぼ確立し、do を使わない用法は forget-me-not のような決まった表現にのみ、その名残をとどめているにすぎない。

　後期近代英語の文学作品などを読むと、do が定着していく様子がわかる。たとえば 18 世紀頃の英語の文学作品を読むと、まだ do を使用しない I know not ... のような否定文を目にすることも珍しくない。特に know や doubt など、いくつかの特定の動詞において do の発達が遅れる傾向が見られる。また、have や be と助動詞 do との関係も興味深い。have は、現在でもイギリス英語では、have not という否定構文を作ることが多い。もっとも、最近はアメリカ英語の影響を受けて、イギリスでも do not have の使用頻度が増えているようである。また現代英語で、do と be の共存が命令文の場合に限られているのも奇妙である。地域方言によっては do be という形が命令文以外でも起こることを考えると、理論的には do が be 動詞にまで拡がることも可能であると考えられる。はたして、助動詞 do を使用するかどうかは、最初に述べたように「イロハのイ」というほど簡単なものであろうか。

・現代のアメリカ英語やイギリス英語を調査して、have の否定構文がどのようになっているかを分析してみよう。

第15章　言語の揺れ

　英語が歴史的に変化してきた過程を、さまざまな角度から見てきた。単純化の方向、あるいはより規則的なものに引きつけられる方向など、ある種の方向性があるようである。また、変化の過程も面白い。マイナーな地位にあったものが突然拡大し始める場合もあれば、異なる形式が競合しながら何百年間も共存し、徐々に一方が勝利していくというパターンもある。どうやら、言語が常に抱えている「揺れ」が変化と関係しているようである。もちろん変化につながらない揺れもある。しかしながら、揺れを観察する目を養うことが、言語変化を感じ取る感覚を養うのに有効であることは間違いない。本章では、これまでに取り上げなかった揺れのいくつかを、特に現代英語との関連で観察してみたい。

1. 集合名詞

　Bauer(1994: 61-6) の集合名詞に関する研究は興味深い。Bauer は、government, committee, team などの集合的な名詞が単数扱いであるか複数扱いであるかの揺れを生じることに着目し、20世紀の英語全般について調査を行った。その結果、アメリカ英語では上記のような名詞を単数で受ける傾

向が強く、イギリス英語では複数で受ける傾向が強いことが明らかになった。さらに興味深いのは、使用頻度が高かったgovernmentについて、イギリスの新聞での使用状況を詳細に調べたところ、同じイギリス英語でも、イギリスの政府について述べている場面では複数で受ける傾向が強く、アメリカの政府について述べる場面では単数で受ける傾向が強いという結果が得られたことである。さらに示唆的なのは、最近はイギリスの政府について述べる場合でも、単数で受ける傾向が強まってきているというのである。

一方、Burridge(2005: 86-8)は、オーストラリア英語における集合名詞の扱いに言及している。オーストラリア英語は、以前よりアメリカ英語とイギリス英語の中間的な特徴を示していたが、近年はイギリス英語のように集合名詞を複数で受ける傾向が強まってきているという。とすれば、オーストラリア英語がイギリス英語に近づき、イギリス英語がアメリカ英語に近づくという興味深い現象が起こっていることになる。今後、どのような発展が見られるのか楽しみである。

・身近な新聞などの英語を使って、governmentが単数で受けられているか複数で受けられているかを調べてみよう。また、government以外の名詞についても同様の調査をしてみよう。

2. 数の一致

次に、主語の単数・複数と動詞の単数・複数の**一致(concord)**の問題を扱う。たとえば、主語が三人称単数であれば動詞の現在形に –s をつけなければならない。しかし、歴史的な文献を見ても、あるいは現代英語の方言でも、この一致が意外に乱れていることがある。単数の主語に複数の動詞が続いたりするのである。このような一致の乱れは、文豪と呼ばれる人たち、たとえばShakespeareにおいても起こる。人間の認知の問題が関連しているのかもしれない。主語と動詞が離れるとか、単数の名詞のあとに複数のものが

一時的に挿入されるというようなことが一致の乱れにつながる場合が多いからである。

　確信犯的な要素が感じられる場合もある。たとえば、you was はその一例である。すでに代名詞のところで述べたように、英語の二人称代名詞では、本来は単数の thou と複数の you の区別があったのであるが、この区別が歴史的に失われた。英語学習者にとっては楽になったともいえるが、日常生活では不便になったと思えることもあるであろう。後期近代英語で流行ったyou was は、動詞を単数にすることで you が「あなた一人」であることを示そうとする工夫であるとも解釈できる。逆に、you の複数形として –s を追加した yous を用いることもある。いずれも方言では、まだ使用されている。そのほかにも、比較的新しい you all や you guys などに、やはり複数であることを示す工夫がみられる。

　以上とは性質が少し異なるが、名詞や不定代名詞とそれを受ける人称代名詞の数の一致も興味深い。20 世紀後半以降、ジェンダーに関する意識が言語使用に影響を及ぼすようになり、たとえば someone を he で受けることに抵抗が感じられるようになった。he or she で受けることもあるが、特に話し言葉では単複の一致を犠牲にして they で受けることも多い。一致の問題は初歩的に見えて、なかなか複雑である。

- youse をインターネットで検索して分析してみよう。
- 最近広まっている言語形式に、There's ... のあとに複数形の名詞がくるというものがある。これについても調査をしてみよう。
- 言語とジェンダーの意識についても議論してみよう。

3. 前置詞の揺れ

　いくつかの前置詞が容認可能であるという場合もある。たとえば、on the street と in the street の揺れがそうである。on と in の違いを、微妙な認知の

問題として説明しようとする向きもあるが、実際には前者はアメリカ英語に多く、後者はイギリス英語に多い、イギリスでも方言によって違う、という状況から判断して、言語の異なる地域性を示していると考える方がよい。そして、方言やアメリカ英語は、古い言語形式を残していることが多いことから考えると、この揺れは言語の異なる発達段階の問題かもしれない。前置詞の守備範囲は歴史的に少しずつ変化することがある。たとえば、古英語では on を使っていたところで、現代英語は in を使うことがよくある。heaven に前置詞をつけるときに、古英語では on heofonum というように on を使うのが普通であり、現代英語では in the heavens のように in を使用する。

　また、古英語までさかのぼらずとも、現代英語の前置詞の用法には往々にして揺れがあり、英語学習者にとっても母語話者にとっても厄介である。different from ... はその一例である。アメリカ英語やイギリス英語の母語話者向けの文法書でも、「from を使うこと」という指示が頻繁になされている。逆にいうと、from 以外のものが広範に使用されているということである。アメリカ英語で多いのは、than を使って different than this のようにいうことである。イギリス英語では、to を使う人も多い。筆者が以前にヘルシンキで会ったアメリカ英語の母語話者は、「自分は different than ... で成長し、学校で different from ... を学んだ」といっていた。また、イギリスで会ったほかの人は、「自分は different from ... としか言わない」と自ら宣言していたが、その人の英語を聞いているといつも different to になっていた。いずれも、言語の揺れの問題が複雑であることを示している。

・different from のほかに、different than や different to がどの程度広がっているかを身近な英語を使って調査してみよう。

4. 形容詞と副詞

　前章まで詳しく扱う余裕がなかった形容詞と副詞を、現代英語との関係で

見てみることにする。英語の形容詞の歴史的発達で、現代英語の揺れと関連しているのは、比較級・最上級の作り方である。現代英語では、一音節語では –er, –est を付加して、三音節以上の長い語では more, most を使って比較級・最上級を作るが、二音節語については両者の間で揺れが起こることがある。たとえば、common という形容詞はその一つで、commoner と more common、commonest と most common の両方が可能である。歴史的には、音節の数に関係なく –er, –est をつける方が古英語から受け継いだ方法であり、more, most をつける方はフランス語の影響により中英語期に導入されたものである。また、発達の過程で、–er と more を、あるいは –est と most を両方使用した二重比較の例が少なからず見られた時期もある。現在でも、英語学習者なら、うっかり more commoner と言ってしまいそうである。英語の母語話者が書いた文献にも同じような例が残っている。また、二重比較の lesser は標準英語として確立した。

　副詞との関係で興味深いのは、一般に**単純形副詞（flat adverb）**と呼ばれているものである。古英語の副詞は、形容詞に –e の語尾をつけることによって作られた。このため、語尾の衰退現象の一環として –e が脱落すると、副詞と形容詞が形態上同じになってしまう。一見したところ、形容詞をそのまま副詞として使っているように見える。たとえば、really の代わりに real を使う現象（It's real important のように）は、アメリカ英語で今でも頻繁に観察できる。中には well の代わりに good を使うような例もあるので、すべてを –e の脱落に帰することは難しいが、語尾の脱落がほぼ完成した初期近代英語期の英語が伝えられたアメリカで単純形副詞が多く見られるのは、歴史との関連でも興味深いところである。

　もっとも、副詞を作る –ly がついていれば問題が解決するかというとそうでもない。–ly も起源をたどると、やはり同じ問題に帰着する。like（本来は「体」の意）に由来する –līc が –ly の起源であり、–līc は古英語では形容詞を作る接尾辞として機能した。さらに、これに副詞を作る接尾辞 –e がついた –līce が副詞を作る接尾辞であった。やがて副詞の方の –e が脱落し、ここで

も形容詞を作る –ly(–līc に由来)と副詞を作る –ly(–līce に由来)の区別ができなくなる。今では副詞を作る接尾辞のように考えられることの方が多い –ly であるが、形容詞なのに –ly がついていることもある(たとえば manly のように)のはこのためである。

5. 世界の英語

　ここまでは、節をもうけて英語の**変種**(**varieties**)の問題を扱うことはしてこなかった。しかし、世界中に多様な英語が存在していることは周知の通りである。たとえばイギリス英語とアメリカ英語では、語彙による違いが著しく、イギリス英語の film はアメリカ英語の movie に、petrol は gas に対応するなど、枚挙にいとまがない。また、同じ語でも異なる発音をすることがある。herb の h を発音しないのはアメリカ英語であり、イギリス英語では発音される。綴りにも違いがあり、ワープロの設定によっては、イギリス英語またはアメリカ英語の綴りがスペリングチェックの際に引っかかることになる。よく知られている例をあげると、colour や behaviour はイギリス式であり、アメリカ英語では color, behavior と綴られる。しかしながら、今日ではアメリカ英語のスペリングがイギリスで使用されたり、その逆も存在するようであり、両者の区別はワープロが機械的に判断するほど単純なものではなくなってきている。特に最近は、インターネットの検索を意識して綴りを決めることも多い。より広く使用されている綴りを使ったほうが有利であると考えられる傾向がある。

　さらに近年は、イギリス英語・アメリカ英語以外の英語への関心も高い。あえて Englishes という複数形を使用する動きも急速に拡がっている。この傾向は、*World Englishes* という学術誌が創刊された 1980 年代以降に特に顕著になった。本書を書くために使用しているワープロソフトは、Englishes を間違った英語と認識するが、将来的には、これも変更になるであろう。出版される学術書を見ても、タイトルの中に Englishes を含むものが、近年増

加の一途をたどっている。もともと英語に形容詞をつけて、British English, Scottish English, Irish English, American English, Canadian English, Australian English のような区別を行うとともに、それぞれの変種を科学的に記述する試みも行われてきた。また、アメリカの **African-American Vernacular English** と呼ばれるアフリカ系アメリカ人の英語の変種や、イギリスの**コックニー英語(Cockney English)**、**河口英語(Estuary English)**の研究なども進んでいる。Englishes の研究は、当然この流れの延長線上にあるといえるが、視野を世界中に拡大し、英語を必ずしも母語としないような国や地域の変種も含めて、研究の対象にしようとする傾向を反映したものである。アフリカ、インド、東南アジア、カリブ海沿岸地域などに拡がった英語は、それぞれの地域の特徴を取り込みながら、独自の発展を遂げている。変種による違いは特に語彙面に著しく、各変種の英語辞典を使って、それぞれに特有の語彙を調べてみるのも興味深い作業である。

- アメリカ英語の綴りに影響を及ぼした Noah Webster について調べてみよう。
- アメリカ英語、オーストラリアの英語、ニュージーランドの英語、ジャマイカの英語など、世界の英語の異なる変種の中から興味のあるものを選び、その特徴や歴史を調べてみよう。

参考文献

＊入門者に読みやすい英語史

Crystal, D. 2002. *The English Language*. 2nd edition. London: Penguin.［初版については、国内では郡司利男（編注）で桐原書店（1990）から出版のものがある。また、第3部の "The History of English" を編集したものに、久保内端郎・ほか（編注）『英語史入門』（金星堂、1993）がある。］

McCrum, R., W. Cran, & R. MacNeil. 2003. *The Story of English*. 3rd revised edition. London: Penguin.［BBC の同名のタイトルの番組を通して、広く知られている。初版については、岩崎春雄・ほか（訳）『英語物語』（文藝春秋、1989）がある。］

Smith, J. J. 2005. *Essentials of Early English*. 2nd edition. London: Routledge.［読者への配慮が行き届いた英語史。］

児馬修. 1996.『ファンダメンタル英語史』東京：ひつじ書房.

島村宣男. 2006.『新しい英語史――シェイクスピアからの眺め』横浜：関東学園大学出版会.［古い時代に向かってさかのぼる形式による英語史。文学的側面に詳しい。］

中尾俊夫. 1989.『英語の歴史』講談社現代新書.

中尾俊夫・寺島廸子. 1988.『図説　英語史』東京：大修館書店.

西村秀夫. 1997.「第7章　英語史」西光義弘（編）『日英語対照による英語学概論』東京：くろしお出版.［1999 年に増補版。］

松浪有（編）／小川浩・小倉美知子・児馬修・浦田和幸・本名信行（著）1995.『英語の歴史』（テイクオフ英語学シリーズ 1）東京：大修館書店.

＊やや詳しい英語史

Bambas, R. C. 1980. *The English Language: Its Origin and History*. Norman: University of Oklahoma Press.［教科書版には、鈴木榮一・佐藤修二（編注）『英語の歴史』（金星堂、1981）がある。］

Barber, Ch. 1993. *The English Language: A Historical Introduction*. Cambridge: Cambridge University Press.［言語学の入門の知識から入り、英語史の全貌を明らかにする。］

Baugh, A. C. & Th. Cable. 2002. *A History of the English Language*. 5th edition. Upper Saddle River, NJ: Prentice Hall.［大著であるが、外面史にも詳しく読みやすい英語史。第3版の邦訳に、永嶋大典・ほか（訳）『英語史』（研究社出版、1981）がある。］

Blake, N. F. 1996. *A History of the English Language*. London: Macmillan.［社会背景や文学的背景にも詳しい英語史。］

Bradley, H. 1968. *The Making of English*. Revised by Simeon Potter. London: Macmillan.［寺澤芳雄（訳）『英語発達小史』（岩波文庫、1982）がある。教科書版には、大塚高信（編注）『英語の成立〈改訂版〉』（成美堂、1970）がある。］

Brinton, L. J. & L. K. Arnovick. 2006. *The English Language: A Linguistic History*. Oxford: Oxford University Press.［かなり網羅的で詳細ではあるが、用語の解説もあり初学者にわかりやすい記述になっている。］

Brook, G. L. 1958. *A History of the English Language*. London: André Deutsch.［教科書版に、石橋幸太郎・中島邦男（編注）『ブルック英語史』（南雲堂、1973）がある。ただし教科書版では、原著の一部を割愛。］

Fennell, B. A. 2001. *A History of English: A Sociolinguistic Approach*. Oxford: Blackwell Publishers.

Hogg, R. M. & D. Denison（eds.）. 2006. *A History of the English Language*. Cambridge: Cambridge University Press.［学習者向けではあるが、近年の研究成果をよく反映し、専門的な目的にも使用できる。］

Mossé, F. 1947. *Esquisse d'une histoire de la langue anglaise*. Lyon: Victor-Lagrange.［邦訳に、郡司利男、岡田尚（訳）『英語史概説』（開文社、1963）がある。］

Myers, L. M. & R. L. Hoffman. 1979. *The Roots of Modern English*. 2nd edition. Boston: Little Brown.［教科書版に、岩崎春雄（編注）『英語史入門』（金星堂、1980）がある。ただし教科書版では、原著の一部を割愛。］

Singh, I. 2005. *The History of English: A Student's Guide*. London: Hodder Arnold.［外面史や英米以外の英語に比較的詳しい英語史。］

Strang, B. 1970. *A History of English*. London: Methuen.［現代から過去に時代をさかのぼる形で記述された英語史。邦訳には、大澤銀作（訳）『英語史』（文化書房社、1986）がある。］

van Gelderen, E. 2006. *A History of the English Language*. Amsterdam: John Benjamins.［あくまで学習者を対象とした英語史ではあるが、内容はかなり網羅的で記述が丁寧。著書に記載のウェブサイトとセットになっている。］

中尾俊夫. 1979.『英語発達史』東京：篠崎書林.

中島文雄. 2005.『英語発達史　改訂版』東京：岩波書店.

橋本功. 2005.『英語史入門』東京：慶應義塾大学出版会.

松浪有（編）1986.『英語史』（英語学コース 1）東京：大修館書店.

宇賀治正朋. 2000.『英語史』（現代の英語学シリーズ 8）東京：開拓社.

*さらに詳しい英語史

Hogg, R. M.（gen. editor）. 1992–2001. *The Cambridge History of the English Language*. 6 vols. Cambridge: Cambridge University Press.

Mugglestone, L. (ed.) 2006. *The Oxford History of English*. Oxford: Oxford University Press.

van Kemenade, A. & B. Los（eds.）2006. *The Handbook of the History of English*. Oxford: Blackwell Publishing.

荒木一雄・宇賀治正朋. 1972.『英語史 IIIA』(英語学大系 10-1)東京：大修館書店.

小野茂・中尾俊夫. 1972.『英語史 I』(英語学大系 8)東京：大修館書店.

中尾俊夫. 1972.『英語史 II』(英語学大系 9)東京：大修館書店.

若田部博哉. 1972.『英語史 IIIB』(英語学大系 10-2)東京：大修館書店.

*現代英語と英語史をつなぐ著書

Aitchison, J. 2001. *Language Change: Progress or Decay?* 3rd edition. Cambridge: Cambridge University Press.［第 2 版の邦訳に、若月剛(訳)『言語変化——進歩か、それとも衰退か——』(リーベル出版、1994)がある。］

Bauer, L. 1994. *Watching English Change: An Introduction to the Study of Linguistic Change in Standard Englishes in the Twentieth Century*. London: Longman.

Bauer, L. 2002. *An Introduction to International Varieties of English*. Edinburgh: Edinburgh University Press.［英米語以外の英語の変種やその辞書についても適切な知識を得ることができる。特にオーストラリアやニュージーランド。］

Foster, B. 1968. *The Changing English Language*. London: Macmillan.［語彙に詳しい。邦訳には、吉田弘重(訳)『変容する英語』(研究社出版、1973)がある。］

Romaine, S. 2000. *Language in Society: An Introduction to Sociolinguistics*. 2nd edition. Oxford University Press.［初版の邦訳に、土田滋・高橋留美(訳)『社会のなかの言語——現代社会言語学入門——』(三省堂、1997)がある。］

Trask, R. L. 1994. *Language Change*. London: Routledge.［エクササイズが充実していて、内容も入門的。］

中尾俊夫・児馬修(編著) 1990.『歴史的にさぐる現代の英文法』東京：大修館書店.［タイトルは現代の英文法となっているが、実際には文法の各項目が歴史的な視点から解説されている。］

菅山謙正(編)2005.『変容する英語』京都：世界思想社.［近年のコーパス言語学の成果を取り入れた一般向けの論文集。］

*英語史年表

寺澤芳雄・川崎潔(編)1993.『英語史総合年表——英語史・英語学史・英米文学史・外面史——』東京:研究社.

*古英語・中英語の入門書

Hogg, R. 2002. *An Introduction to Old English*. Edinburgh: Edinburgh University Press.［著者のユニークな視点が興味深い初学者向けの入門書。］

Freeborn, D. 1998. *From Old English to Standard English*. 2nd edition. Basingstoke: Macmillan Press.［現代英語訳を手がかりにテキスト読みの訓練をするユニークな入門書。］

Horobin, S. & J. J. Smith. 2002. *An Introduction to Middle English*. Edinburgh: Edinburgh University Press.［Edinburgh University Press 出版の同シリーズの中では、やや難易度が高い。］

Mitchell, B. & F. C. Robinson. 2007. *A Guide to Old English*. 7th edition. Oxford: Blackwell Publishers.［古英語の詳しい入門書。］

Nevalainen, T. 2006. *An Introduction to Early Modern English*. Edinburgh: Edinburgh University Press.［初期近代英語の入門書であるが、同シリーズの Hogg (2002), Horobin & Smith (2002)と合わせて読むことが推奨されるのでここにあげた。］

Quirk, R. & C. L. Wrenn. 1957. *An Old English Grammar*. 2nd edition. London: Methuen.

Sweet, H. 1953. *Sweet's Anglo-Saxon Primer*. 9th edition. Revised by N. Davis. Oxford: Clarendon Press.［簡便でありながら必要な情報を網羅した古英語の入門書。東浦義雄(注)『H. スウィート　古代英語入門』(千城書房、1962)がある。］

荒木一雄(監修)／近藤健二・藤原保明(著)1993.『古英語の初歩』(英語学入門講座　第 4 巻)東京:英潮社.

荒木一雄(監修)／水鳥喜喬・米倉綽(著)1997.『中英語の初歩』(英語学入門講座　第 5 巻)東京:英潮社.

市河三喜・松浪有. 1986.『古英語・中英語初歩』東京:研究社.

*英語方言地図

Upton, C. & J. D. A. Widdowson. 2006. *An Atlas of English Dialects*. Abingdon: Routledge.［使いやすい現代英語の方言地図。］

McIntosh, A., M. L. Samuels, M. Benskin, with the assistance of M. Laing & K. Williamson. 1986. *A Linguistic Atlas of Late Mediaeval English*. 4 vols. Aberdeen: Aberdeen University Press.［専門的な後期中英語の方言地図。］

＊辞書・辞典

Mills, A. D. 1991. *A Dictionary of English Place-Names*. Oxford: Oxford University Press.

Murray, J. A. H., H. Bradley, W. A. Craigie, & C. T. Onions (eds.) 1989. *The Oxford English Dictionary*. 2nd edition. Prepared by J. A. Simpson & E. S. C. Weiner. Combined with *A Supplement to the Oxford English Dictionary*, ed. R. W. Burchfield. Oxford: Clarendon Press.

Clark Hall, J. R. & H. D. Merritt. (eds.) 1960. *A Concise Anglo-Saxon Dictionary*. 4th edition. Cambridge: Cambridge University Press.［手元に置いて使うのに便利な古英語の辞書。］

Davis, N., D. Gray, P. Ingham, & A. Wallace-Hadrill (eds.) 1979. *A Chaucer Glossary*. Oxford: Clarendon Press.［Chaucer の英語を読む場合はもちろん、そのほかの後期中英語文献を読む場合にも役立つことが多い。］

Watts, V. W., et al. 2004. *The Cambridge Dictionary of English Place-Names: Based on the Collections of the English Place-Name Society*. Cambridge: Cambridge University Press.［最近出版された詳しい地名辞典。］

石橋幸太郎（編）1973.『現代英語学辞典』東京：成美堂.

大塚高信・中島文雄（監修）1982.『新英語学辞典』東京：研究社.

松浪有・池上嘉彦・今井邦彦（編）1983.『大修館英語学事典』東京：大修館書店.

寺澤芳雄（編集主幹）1997.『英語語源辞典』東京：研究社.

＊引用文献

Bauer, L. 1994. *Watching English Change: An Introduction to the Study of Linguistic Change in Standard Englishes in the Twentieth Century*. London: Longman.

Beal, J. C. 2004. *English in Modern Times 1700–1945*. London: Arnold.

Beal, J. C. & K. P. Corrigan. 2005. "*No, nay, never:* Negation in Tyneside English", in *Aspects of English Negation*, ed. Yoko Iyeiri, pp. 139–57. Amsterdam: John Benjamins; Tokyo: Yushodo Press.

Bradley, H. 1968. *The Making of English*. Revised by Simeon Potter. London: Macmillan.

Burridge, K. 2005. *Weeds in the Garden of Words: Further Observations on the Tangled History of the English Language*. Cambridge: Cambridge University Press.

Hogg, R. 2002. *An Introduction to Old English*. Edinburgh: Edinburgh University Press.

Kjellmer, G. 1986. "'Us Anglos are a cut above the field': On Objective Pronouns in Nominative Contexts". *English Studies* 67: 445–9.

Labov, W. 1966. *The Social Stratification of English in New York City*. Washington: Center for Applied Linguistics.

McIntosh, A., M. L. Samuels, & M. Benskin, with the assistance of M. Laing & K. Williamson. 1986. *A Linguistic Atlas of Late Mediaeval English*. 4 vols. Aberdeen: Aberdeen University

Press.
Page, R. I. 1987. *Runes*. London: British Museum Publications.
Singh, I. 2005. *The History of English: A Student's Guide*. London: Hodder Arnold.
Upton, C. & J. D. A. Widdowson. 2006. *An Atlas of English Dialects*. Abingdon: Routledge.
van Gelderen, E. 2006. *A History of the English Language*. Amsterdam: John Benjamins.
Williams, J. M. 1975. *Origins of the English Language: A Social and Linguistic History*. New York: Free Press.
小川浩 1995.「第 1 章　古英語」『英語の歴史』(テイクオフ英語学シリーズ 1) 東京：大修館書店.
橋本功. 2005.『英語史入門』東京：慶應義塾大学出版会.

索引

A

ac 65, 68
adverbial accusative 60
adverbial genitive 60
African-American Vernacular English 109
Alfred the Great 10
alive 36
amelioration 21
analogy 36
analytic 59
and 65, 66
apron 19
are 84

B

back-formation 18
be 83, 89, 102
because 70
become 87
Bede 2
bird 21
Bullokar, William 30
bury 29
but 67, 68
by 87

C

can 81, 82
Canterbury Tales, The 44
carry 21
Cawdrey, Robert 14
Caxton, William 13
Central French 13
Chaucer, Geoffrey 44
children 38
common 107
compounding 18
concord 104
conjugation 57
conversion 18
could 94

D

declension 57
Derby 30
derivation 18
descriptive grammar 14
die 21
different 106
do 97, 101, 102
double negation 98
doubt 29, 102
dual 45

E

Early Modern English 14
Englishes 108
expletive *that* 70

F

feet 38, 39
flat adverb 107
forbid 91
fowl 21
from 87, 106

G

geese 38, 39
generalization 21
Germanic 2
gerund 95
get 87
go 72, 86
government 103, 104
gradation 72
grammatical gender 33
Great Vowel Shift 13, 28
Grimm, Jacob 5
Grimm's Law 5
group genitive 62
guardian 13

H

Hart, John 30
have 83, 88, 89, 102
he 46
help 73, 94
her 62, 63
him 46
his-genitive 62

hound 21
hypercorrection 36
hypotaxis 66

I

if 73
impersonal construction 78
impersonal verb 77
in 105, 106
Indo-European languages 2
it 46, 84
its 46

J

Johnson, Samuel 14
Jones, William 1

K

know 102

L

lesser 107
like 23, 107

M

me 47
meat 21
metanalysis 19
metathesis 19
methinks 79
Middle English 6
Modern English 6

multiple negation 100
must 80
mutation plural 38

N

nam 99
natural gender 34
ne 98–100
nickname 19
nill 99
nor 99, 100
Norman Conquest 12
Norman French 13
not 97–99
nothing 98

O

of 61, 62, 87, 96
Old English 6
Old Norse 11
on 105, 106
ought 80

P

parataxis 66
past participle 86
pejoration 21
please 79
prescriptive grammar 14
prescriptive grammarian 101
Present-day English 6
preterite-present verb 79

Proto-Indo-European 2

R

Rask, Rasmus 5
real 107
really 107
Received Pronunciation 31
reconstruction 2
RP 31
runes 25

S

Shakespeare, William 13
shall 79, 81
she 43
shirt 11
should 74
skirt 11
specialization 21
spelling pronunciation 30
spinster 22
split infinitive 15
strong verb 72
subjunctive 71
synthetic 59

T

than 106
that 49, 51–55
the 49–52
their 62
there 84

they 43, 44, 105
think 78, 79
thou 45, 105
to 106

W

warden 13
weak verb 72
Webster, Noah 30
what 50
which 53–55
while 23, 70
who 47, 54
whom 47, 54
whose 54
why 50
will 80–82, 86
won't 81
word 38
would 74
write 20, 21

Y

ye 45, 47
you 45–47, 105
yous 105

あ

アブラウト 72
アメリカ英語 15, 30, 31, 94, 102–104, 106–108
アルファベット 25

アルフレッド大王 10
アングル族 2, 6

い

イギリス英語 15, 30, 55, 94, 102, 104, 106, 108
一致 104
異分析 19
意味の一般化 21
意味の向上 21, 22
意味の堕落 21, 22
意味の特殊化 21
意味変化 17, 20–22
インク壺語 14
インド・ヨーロッパ語 1
インド・ヨーロッパ祖語 2, 3

う

ウェールズ語 12
ウェスト・サクソン方言 10
ウムラウト複数 38, 39
ウルフィラ 4

お

オーストラリア英語 104
音位転換 19, 20

か

外面史 iv , 9, 13
格 35, 46, 47
格変化 35, 51, 60, 62
河口英語 109

過去形　72, 80, 84, 88
過去現在動詞　77, 79, 80
過去分詞　86–89
過剰矯正　36
仮定法　71, 73, 74, 82
関係代名詞　49, 51–55
間接目的語　87
完了形　83, 87–89

き

記述文法　14
規範文法　14, 15
規範文法家　101
疑問文　101, 102
逆成　18
逆接接続詞　68
強変化　34
強変化動詞　72, 73, 80
虚辞の that　70
ギリシャ語　15
キリスト教　25, 26
近代英語　6, 13, 57
近代英語期　14
欽定英訳聖書　14, 75, 101

く

具格　50
屈折　57
グリムの法則　5, 6
群属格　62

け

形容詞　106–108
ゲール語　12
ケニング　18, 19
ケルト人　11
原形不定詞　82, 92–94
言語変化　37, 103
現在形　80, 81, 84
現在分詞　85
現代英語　ii, 6, 7, 29, 42, 43, 67–69, 74, 76, 80, 82, 100, 101, 103, 106, 107

こ

古英語　ii, 6, 7, 25, 27, 34–36, 38, 42, 43, 45, 50, 52, 57, 59, 60, 65, 66, 68, 70, 74, 78, 79, 81, 83, 84, 86, 88, 98, 99, 107
ゴート語　4
コーパス言語学　iii
語形成能力　18, 19
語順　58, 59, 68, 69, 78
コックニー英語　109
古ノルド語　11, 43, 44, 58
語尾の衰退　58

さ

最上級　107
サクソン族　2, 6
サンスクリット語　1, 2

し

使役動詞　93, 94
指示代名詞　49–51, 53
自然性　34, 35
弱変化　34
弱変化動詞　72, 73, 83
借入語　9, 14, 21, 84
写字生　27
写本　27
従属構造　66
従属節　66, 68, 69
従属接続詞　66, 69
ジュート族　2
主格　44, 47, 78
縮約形　99
主語　78, 87, 104
主節　65, 68, 69, 74
受動態　86, 87, 93
初期近代英語　14, 62, 66, 75, 77, 81, 89, 91, 97–101
女性名詞　34, 36
所有格　36, 61–63, 96
ジョンソン博士　14
進行形　83–85

す

スウェーデン語　15

せ

節　65, 66, 68
接続詞　70

接尾辞　18
先行詞　53–55
前置詞　59–61, 70, 87, 92, 93, 105, 106

そ

総合的　59
属格　35, 36, 62, 63
存在文　84

た

対格　35, 46, 47, 60, 78
大母音推移　13, 28–30
多重否定　100, 101
単純形副詞　107
男性名詞　34, 36

ち

中英語　6, 7, 25–29, 35, 43, 45, 51, 53, 57, 62, 67–69, 74, 75, 77, 78, 80, 81, 84, 85, 91–94, 97–99, 101, 107
中性名詞　34, 36
直説法　74, 76
直接目的語　87

つ

綴り字改革　30
綴り字発音　30, 31

て

デーン人　10
デーンロー　10, 11

と

to 不定詞 91–95
等位接続詞 65, 67
頭韻詩 18
動詞 71–74, 76, 104
動名詞 85, 91, 95, 96

な

内面史 9

に

二重語 11
二重比較 107
二重否定 98
二重複数 38
人称代名詞 41–47

の

能動態 93
ノルマン人の英国征服 12
ノルマンディー公ウィリアム 12

は

派生 18

ひ

ビード 2
比較級 107
his 属格 62
非制限用法 53
否定構文 98, 102

否定文 101, 102
非人称構文 78, 79
非人称動詞 77–79
品詞転換 18

ふ

for to 不定詞 92–94
不規則変化動詞 71, 72, 83
複合 18
副詞 106–108
副詞的属格 60
副詞的対格 60
複数形 37, 38
不定詞 91–93
フランス語 12, 13, 45, 70, 107
フリジア語 4
文 65
分析的 59
文法性 33, 35, 50
分離不定詞 15

へ

並列構造 66
変種 108, 109

ほ

母音交替 72
法助動詞 77, 80–82, 93

め

名詞 33–39
命令文 102

も

目的格 96

ゆ

揺れ 103, 105–107

よ

容認発音 31
与格 35, 46, 47, 60, 78

ら

ラテン語 6, 10, 12–14, 29

り

両数 45

る

類推 36, 73
ルーン文字 25–27

【著者紹介】

家入葉子（いえいり ようこ）

京都大学文学研究科教授

（専門　英語学）　1964 年福岡市生まれ。博士（学術）
著訳書：『スコットランド史──その意義と可能性──』
Rosalind Mitchison 著 共訳 2001 未来社、*Negative Constructions in Middle English* 2001 Kyushu University Press、*Aspects of English Negation* 編著 2005 John Benjamins & Yushodo Press、『文科系ストレイシープのための研究生活ガイド』2005 ひつじ書房。

ベーシック
英語史

A Basic Guide to the History of the English Language
Yoko Iyeiri

発行	2007 年 3 月 31 日　初版 1 刷
	2024 年 3 月 27 日　　　7 刷
定価	1600 円＋税
著者	Ⓒ 家入葉子
発行者	松本功
装丁	大崎善治
印刷製本所	三美印刷株式会社
発行所	株式会社 ひつじ書房
	〒112-0011 東京都文京区千石 2-1-2　大和ビル 2F
	Tel.03-5319-4916　Fax.03-5319-4917
	郵便振替 00120-8-142852
	toiawase@hituzi.co.jp　https://www.hituzi.co.jp/

ISBN978-4-89476-349-4　C1082

造本には充分注意しておりますが、落丁・乱丁などがございましたら、小社かお買上げ書店にておとりかえいたします。ご意見、ご感想など、小社までお寄せ下されば幸いです。

ベーシックシリーズ

ベーシック生成文法
岸本秀樹著　定価 1,600 円＋税

ベーシック現代の日本語学
日野資成著　定価 1,700 円＋税

ベーシックコーパス言語学　第 2 版
石川慎一郎著　定価 1,700 円＋税

ベーシック新しい英語学概論
平賀正子著　定価 1,700 円＋税

ベーシック応用言語学　第 2 版
L2 の習得・処理・学習・教授・評価
石川慎一郎著　定価 2,100 円＋税

ベーシック英語構文文法
大谷直輝著　定価 1,800 円＋税

ベーシック語彙意味論
岸本秀樹・于一楽著　定価 1,700 円＋税